歳を過ぎて
代のアタマを取り戻す習慣

千葉大学名誉教授
多湖　輝

青春新書
PLAYBOOKS

はじめに――ちょっとしたことで柔軟なアタマは簡単に取り戻せる

50歳を過ぎたあたりから、とっさに人の名前が思い出せなくなって……。そんな話をよく聞きます。そして、歳のせいだからしょうがないとあきらめている人も多いようです。

しかし頭脳に関していうと、50代であっても、20代のころの柔軟なアタマを取り戻すことは、けっしてむずかしいことではありません。

というより、50代の財産である経験や知恵を、20代の柔軟さで活かすことができれば、仕事でも日常生活でも、20代をはるかにしのぐ豊かで創造的な生き方ができるはずなのです。

私はここ10年ほど、新たな仕事としてゲームソフトの制作にかかわりました。このプロジェクトの中心は、20代を含む若者たちでした。彼らの、すさまじいテンポでくり広げられる発想競争を、私もシャワーのように浴びながら大いに刺激を受けました。

しかし、こうした元気のいい若い頭脳もやはり行き詰まることがあるのです。あれほど溌剌と跳ね回っていた発想が、突然暗礁に乗り上げ、動かなくなってしまいます。

先日も、北朝鮮やロシアなどとの外交問題をテーマにした出版企画の話をしていて、若い編集者たちがこうした状態に陥りました。私は彼らに伸び伸びと議論してもらうよう、あまり口を挟まずほほえましく観察していたのですが、これではしかたありません。

ふと以前、手品仲間から聞いたロシアの話を思い出し、「ちょっとね。ロシアにこんな話があるんだけど知ってる？」と話してみました。

ロシアに長くいた知人の話では、この国には猛毒を持つ蚊がいて、刺されると大変なのですが、図体が大きくて、動きがのろいのですぐ叩かれてしまうのだそうです。この蚊の名前を知っていますか？「トロイカ」というそうです。

まじめに話を聞いていた若者たちは、一瞬ポカンとした顔をし、次に大爆笑が起きました。私はさらにたたみ掛けます。

猛毒はありますが、万一刺されたときも特効薬の注射があります。その注射のことは何というでしょう。そう、「カチューシャ」です。

ここにいたって若者たちは、「先生、ひどいですよ。もう」と言いながら腹を抱え、中には涙を浮かべてまで笑う人もいて、そのあと、なんと議論が生き生きしたことでしょう。

つまり単純に20代のアタマを取り戻すのではなく、50代のしたたかな知恵で20代のアタマをうまく活かすことにより、20代に負けない、むしろ頼られる頭の働きを見せることもできるということです。

こうしたしなやかでしたたかな発想力は、日常生活で当たり前に行われていることを、ちょっと変えてみることで鍛えることができます。

私のライフワークである「頭の体操」はまさにその実例集ですが、最近読んだ『人生の穴うめ名言集』（柳下要司郎、幻冬舎）にもこうした例がたくさん載っています。

たとえば、相手にお礼を渡そうとして、「ほんの気持ちだけですから」「いやいやそんなことしていただいては……」とすんなり受け取ってもらえないとき、どうしたらいいでしょう。「ほんの気持ち」でなく「ほんの下心ですから」と言うのだそうです。

すると相手は、思わず笑って「そうですか。そうですよね。じゃ、こちらも下心で……」などと気持ちよく受け取ってくれ、ますます親しさを増すことができます。

そして、こうした自分の日常をちょっと変える場面は、毎日繰り返されて習慣になっている行動の中にいくらでもあるのです。身近な例では、たとえば毎日見ているテレビのチャンネルが、知らないうちに特定の局に固定されていないでしょうか。

私はあるときからそのことに気づき、今ではニュース番組など頻繁にチャンネルを回して見ています。こうすると、同じ出来事でも、局によって違った採りあげ方をしていて、複数の視点でものを見ることができるのです。

街に出てレストランでメニューを選ぶときなども、ともするといつもどおり何の変わり映えもしない料理を選んでしまいがちです。こんなときも、たまには店の人に一声かけて全部任せてみてはどうでしょうか。今まで食べたことのなかった、思いがけぬおいしい味の発見ができるかもしれません。

この本では、そうした日常生活の何気ない場面での習慣をちょっと変えるだけで、50代でも20代のような生き生きした頭脳を取り戻せるヒントをたくさんあげてみました。

何もむずかしい理屈はいりません。朝起きてから夜寝るまでのあらゆる場面で、今しようとしていることに、ふと疑問を感じてみればいいのです。

そして、「そうだ。今日はちょっと違ったやり方をしてみよう」と考え、実行に移すだけで、あなたの頭脳は今までと違った柔軟さを取り戻していきます。

この本が、50代という人生でもっとも実り多い毎日を、さらに充実させるヒントになればと願っております。

平成24年4月

多湖　輝

☆あなたのアタマ年齢は何歳？

コンビニエンスストアやファストフードの店の前でしゃがみこんでいる若者を見たとき、頭にくるお父さんは少なくないでしょう。「なんだ、あいつらは年寄りのようなかっこうをして、精神まで老け込んでいるのではないか」と思う人もいるでしょうが、たしかに実際の年齢と、頭や心の年齢は違うこともあるようです。

ただ、そういうお父さんのアタマ年齢はどうでしょうか。「自分はまだ若者に負けない」と言っている50代の人が、じつはもうアタマ年齢は70代だったりすることもあります。その一方、50代なのに、まだ40代の心と頭を持っていることも。

そこで、一度自分のアタマの年齢をチェックしてみましょう。各項目に「はい」なら5点、「どちらともいえない」なら3点、「いいえ」なら0点をつけてみてください。合計が70点以上の人は、アタマ年齢が70代の可能性があります。本書で対策を！

		点数
1	自分一人で、料理が三品以上つくれない。	
2	ここ10年間、自分で下着を買ったことがなく、妻まかせにしている。女性の場合なら、ここ10年間、デパートで外出着を買ったことがない。	
3	自分の若いころの失敗話を若者にするのは、恥ずかしくてイヤだ。	
4	ガラガラの電車に乗るとき、つい席の隅っこに座ってしまう。	
5	何かうまくいかないことがあると、「もう」とか「どうせ」といった言葉が、つい口から出ることがある。	
6	昼食をとる店は、たいていいつもの三軒と決まっている。	
7	近所づきあいは苦手で、できるだけ避けていたい。	
8	妻（夫）とは子どもの話以外に、ほとんど話題がない。	
9	知人に何かをすすめられても、「性に合わない」「そういうのは苦手だ」と拒否してしまうことが多い。	
10	自宅から会社、あるいは最寄りのデパートまでのルートを三通り以上言うことができない。	

11	その人物を判断するとき、どうしても肩書が目に入ってしまう。	
12	この一カ月の休日の予定は、空白のままだ。	
13	10年前と比べて、自分の趣味や関心のあるジャンルは一つも増えていない。	
14	最近、失敗すると落ち込むことが多くなったような気がする。	
15	会社からクビを言い渡される日が来ると思うと、なかなか寝つけない。	
16	会社時代の部下は、自分が会社を辞めても、慕ってくれると思う。	
17	苦手な仕事は、ついつい部下まかせにしてしまう。	
18	パソコンやスマートフォンをはじめるときも、まず理論を理解しなければ手がつかない。	
19	自分の趣味を人に話すのは、恥ずかしくてできない。	
20	「昔はよかった」とつい口に出してしまうことがある。	

50歳を過ぎて20代のアタマを取り戻す習慣／目次

第2章 50歳を過ぎても記憶力がまったく衰えないコツ

第3章　やわらかアタマを取り戻す〝ムダ〟を楽しむ習慣

第4章 視界がパッと開く しがらみの上手な手放し方

終章 50代、人生をさらに 充実させる心のルール

DTP／センターメディア

第1章

アタマが冴える "いつもの行動"の変え方

習慣1　決まりきった日常が新鮮に変わる方法

●いつもと違うランチメニューで出会う新しい世界

50代のアタマを20代並みに若返らせ、発想をより豊かにしようと思ったとき、大きな意識革命が必要ではないかと考えてしまう人もいます。

大きな意識革命を起こそうとするなら、日常生活にも大改革が求められるだろうと、びくついてしまう人もいるかもしれませんが、そんな大がかりなことは必要ありません。ふだんの生活のちょっとしたところを変えるだけでいいのです。

ちょっとした変化から、すべてがはじまります。そのちょっとした変化が、自分の中で眠っていた好奇心や学習意欲を呼び覚ましてくれるからです。

日常生活に変化を与えるのに、何が一番手っとり早いかは、人それぞれでしょう。ある人は趣味を一つ増やそうとするでしょうし、またある人はブログを立ち上げたりするでしょう。それもたいへんけっこうなことですが、もっと簡単で、つねに変化を楽しめる手法があります。

たとえば、毎日オフィスの近くで食べるランチのメニューを変えるだけでもいいでしょう。サラリーマンにとって、昼食は最大の楽しみの一つ。都会では、いろいろな店舗がさまざまなランチを提供しています。

よりどりみどりの状態であり、ランチを変えれば、もっとも手軽に変化を楽しめるのです。それも、ほぼ毎日、変化をつけられる。それなのに、ともするとワンパターンになりがちです。

若いころは、カレーだスパゲティだとあれこれ店を物色した人でも、40代、50代と歳月を過ごしてくると、ランチもマンネリ化したものになりがちです。「面倒だから、いつものそば屋の鳥南蛮《なんばん》でいいや」とか「あそこのAランチに決めている」といった具合に。

最近は、ビルの中の居酒屋やカフェが弁当を安く売っていますし、スーパーやコンビニエンスストアでも驚くほど安く弁当を提供しています。つい値段にひかれて、似たような昼食を毎日とっている人も少なくないのではないでしょうか。

ときには安くあげることも大事です。いかに安くすませるか頭を使うのも、一つの刺激にはなります。ふだん行かないエリアまで安いランチを求めて歩いて、戦利品でもあるなら、「やった」という気にもなります。が、いつも安くすませるだけでは、変化は乏しい。

そこで、ランチのメニューに思いきって大胆なくらいの変化をつけてみてはいかがでしょう。いつものAランチの店ではなく、東南アジア料理の店のランチを食べてみる。あるいは、いつものそば屋ではなく、激辛カレーの店に入ってみる。

たったこれだけのことで、いつも同じに見えていた毎日が、少し違ったものに見えてきます。

同じようなメニューでも、お金をもっとかけてみるという方法もあります。ふだんは安いとんかつ定食ですませていても、数週間に一回くらいは、ふだんの二倍くらいするとんかつ屋さんで食べてみるのです。同じとんかつでも、けっこう違うものだということに気づくはずです。

いつもA定食の人なら、少し高めの幕の内弁当という選択もあるでしょう。味付けの違い、盛りつけの違いにも、発見があるはずです。

ランチを変えるのは、一つのきっかけづくりでもあります。これをきっかけに、世界が大きく広がることもあります。

たとえば、東南アジアの料理に関心をもつうちに、タイやインドネシアに行ってみたくなり、さらには東南アジアの文化にも興味が出たりもします。そのうちインドネシアの染織などにも関心がいったりもします。

実際、いつもと違う店に行って商売を思いついた人もいます。パリに遊びに行ったある日本人が、たまたまあるカフェに入りました。それは立ち飲みスタイルのカフェで、その安さにびっくり。

その人物は、これを日本でやったらどうだろうかと考えたのです。これがやがて実現し、日本でも立ち飲みスタイルのコーヒーショップは大流行するようになりました。

あるいは、高めの食事をして、ふだん食べない魚を食べることで、魚に興味をもちはじめることもあります。

これをきっかけに、日本にはどんな魚食文化があるか関心がわき、休日にはデパートやスーパーでいろいろな魚を買って、調理をはじめる人もいます。魚を食べたくて、旅行に出掛けるのが楽しみになる人もいるでしょう。

また、いつもと違う店に行くことで、新しい仲間をつくることもできます。いつもは〝同僚とそば屋〟というパターンが、スパゲティ屋に行くときは若い人といっしょになったりします。そこでふだんと違った話の花が咲くでしょうし、ふだん聞かないものの考え方にふれたりできるのです。

さらに、ランチで新しい世界を発見すれば、他の日常生活も変えたくなってきます。夜に通う飲食店にしても、いつものやきとり屋だけではなくなるでしょうし、何か新しい本でも読みたくもなります。

たとえば、居酒屋に行って「とりあえずビール」をやめるだけでも、ちょっと頭を働かせることにつながります。

また、おつまみを注文するのを他人に任せるのではなく、みずからすすんで注文するのも、いい頭の運動になります。値段と周りの腹ぐあいを考えながら、皆が「うまい!」というものをメニューから探し出すのは、わりと楽しいものです。

こうして、決まりきった日常が少しずつ変化していくのです。

●定期券を使わないという〝冒険〟

都会のサラリーマンがかならずといっていいほど持っているのが、定期券です。定期券があれば、言ってみればタダで会社に行けます。定期券は経済的にはありがたいものですが、じつはこれがサラリーマンの自由の足かせにもなっているのです。

定期券があるために、毎日、同じ道を歩き、同じ電車に乗っているのです。さらには毎日同じ時間に起き、同じ時刻に出掛けています。そのワンパターン化は便利である一方、自由を奪っています。

本来なら、会社にどういう手段で行こうと、本人の自由です。今日はJR、明日はバス、明後日は私鉄と徒歩など、可能であれば思いついた好きな方法で会社に行ってもいいでしょう。ですが、定期券を持っていると、変化とは無縁になりがちなのです。

もちろん、それは悪いことではありません。サラリーマンなら当然のことなのですが、ときどきは定期券に頼らずに会社に行ってはいかがでしょうか。

さすがに、あわただしい通勤時には無理かもしれません。退社時間が早く、比較的余裕があるときなら、定期券を使わない帰宅コースを考えてみるのもいいでしょう。

ふだん使わないルートで帰宅すると、いろいろな発見があるはずです。乗り換えの工夫にハッとすることもありますし、久々に乗った路線の電車の客層が変化していることに気づくこともあるでしょう。

途中の道草は、おすすめです。途中でどこかの駅で下車し、歩いてみるのもいいでしょう。東京や横浜、大阪クラスの大都市なら、数年訪れなかったエリアが様変わりしていることはよくあります。

その変化に驚くだけでも、いい刺激になります。変わらずに残った風景もありますから、そこにも関心がいくはずです。

驚きと関心があれば、自然に頭は回転をはじめてくれます。「この大通りを隔てて西側は変わったのに、なぜ東側は変わらないのだろうか」「このエリアに、コンビニが少ないのはどうしてだろう」などと疑問もわいてきます。

あれこれ疑問を感じること自体が、頭にいい刺激となります。疑問を解こうと、仮説をいろいろ立てて、あとで調べてみるのもおもしろいでしょう。

定期券をわざと使わない日、それは驚きとワクワク感に満ちたものになるはずです。少しくらい交通費を払うことになっても、得るものはあるはずです。

また、自分で好きに帰宅ルートを組んでいくことは、自由になったという解放感をもたらします。心が一時的ながらスッとすれば、これまでの会社生活の心の垢《あか》も多少は落とせるでしょう。

いずれ、誰であれ、定期券を持たない日はくるのです。定年となれば、定期券はありません。どこに行くにも、自分で交通費を払わねばなりません。

なかには交通費が惜しくてどこにも出ないという人もいますが、それでは一日じゅう家にこもりっきりの生活となり、頭にも心にもよくありません。

50歳ごろから、定期券を使わずに、自費で動く楽しみを知っておけば、定期券のない身分になっても、フットワークは軽いままです。定期券を使わない日は、将来の予行練習でもあるのです。

●引っ越しで心をリセットする

「富嶽《ふがく》百景」などで有名な浮世絵師・葛飾北斎といえば、妙な趣味をもっていることで有名でした。画号をあれこれ変えるのと、大江戸の市中をあちらこちらと引っ越しするのが、彼の趣味のようなものでした。

私にいわせれば、葛飾北斎がつぎつぎと名作を世に送りだすことができたのも、この引っ越しと改名にあったと考えられます。

実際のところ、北斎ほどの天才でも、マンネリに陥り、どうにも新しいものが描けないことがあります。そんなとき、決まりきった同じ毎日を過ごしていたのでは、頭の中身がますますワンパターンになってしまいます。そこで決まりきった日常から脱出するために、北斎は引っ越しや改名をしたのです。

たしかに引っ越しをしてみると、見るもの、聞くものが新鮮です。人づきあいにも変化が生まれますし、朝起きて夜寝るまでの生活にも、なんらかの変化が生まれます。それが頭にはいい刺激となって、新たな絵にチャレンジできるのです。

このことは、北斎にかぎりません。誰しも引っ越しすれば、大きな刺激を受けることができます。家具も変われば、応接セットの位置も変わります。引っ越しを機会に、夫婦の部屋と子ども部屋を入れ換えることなどもできます。

私も50~60代には、ほぼ数年ごとに引っ越しをしていました。昔からわが家を訪れている人は、私が引っ越すたびに「また変わりましたね」とびっくりしています。

賃貸住宅に住む人はもちろん、持ち家・持ちマンションの人も、期間の違いこそあれ、引っ越しの効用は変わりません。新たな環境によって、決まりきった日常からおさらばできます。

ただ、そうはいっても、住み慣れた持ち家を離れるのはイヤだという人もいるでしょう。そんな人は、部屋の模様替えをするだけでもいいのです。

そういえば、ソニーの創業者の一人である井深大《いぶかまさる》さんも、部屋の模様替えをしょっちゅうしておられました。部屋の模様替えは、井深さん流の頭のほぐし方だったのでしょう。

この模様替え、極端なことをいえば、テーブルの位置を90度変えるだけでもいいのです。あるいは、部屋にかかっている絵を変えるだけでも、カーテンを変えるだけでもかまいません。

たったこれだけのことでも、いつもとは違う環境が生まれ、それが刺激になってくるのです。

さらに、部屋の模様替えを考えるのは、ちょうどいい頭のトレーニングにもなります。壁に掛かっているカレンダーを外したとき、つぎに何を掛けようかとか、今度は部屋の隅に棚でも置こうかとか、あれこれ考えていくと、イメージはかぎりなく広がります。

また、イメージに合わせるため、家具屋や電気屋をのぞくと、そこで新発見もあります。部屋の模様替え一つで、ワンパターンな毎日をすぐに変えることができるのです。

習慣2 職場で頭を刺激するコツ

●部下や後輩に仕事以外の話をする

頭の刺激になる場所はいろいろありますが、もっとも利用したいのは、オフィスです。サラリーマンなら、一週間のうち、五～六日は、オフィスで仕事をしているはずです。一日の多くの時間をオフィスに拘束されているわけで、その時間をもっと利用すればいいのです。

「オフィスではもう十分頭を使っている。これ以上、頭を使えと言われてもヘトヘトで、使えない」という方もいるかもしれません。

たしかに仕事用の頭はかなり使っているかもしれませんが、頭のそれ以外の部分は意外に使われていません。オフィスでも、仕事頭以外の部分をもっと刺激してやったほうがいいのです。結果的に、仕事頭も冴えてくるはずです。

幸いなことに、多くのサラリーマンの場合、身近にいい刺激材料があります。それは、部下や後輩たちです。彼らと雑談を交わしていけばいいのです。

仕事の合間に、「このまえ、大阪に出張に行ったとき、おでん屋で風変わりな人に会ってね」「最近は、源平合戦という言葉は使わないほうがいいということで、治承《じしょう》・寿永《じゅえい》の乱というらしいね」などと話をしてみてはどうでしょう。

話をするなら、部下や後輩がおもしろがってくれる話をしたいもの。人に話をして、聞く気にさせ、おもしろがってもらおうという作業は、頭の回転を要求します。

どんな話がウケそうか、どの話からはいれば聞いてもらいやすいか、オチをどうしようか、などと考えていくのは楽しいものですし、自然に頭を使っています。それも、ふだんの仕事では使わない頭を使っていますから、頭全体にいい刺激になってくれるのです。

頭全体にいい刺激となれば、仕事頭も冴えはじめ、雑談をして楽しんでいるのに、仕事もできる上司となるはずです。

もちろん、雑談といっても、グチやどうでもいい話はやめたほうがいい。部下や後輩だって、忙しいのです。くだらない話、つまらない話は聞きたくないのです。一応、聞くふりはしてくれるでしょうが、心は上の空ですし、馬鹿にされるのがオチです。

部下や後輩をおもろしろがらせるほどの話なんてできそうもないという反論もあるでしょう。それは、いきなりおもしろい話をしようと思うからです。話のネタは、事前に仕込んでおけばいいのです。事前に探すなら、おもしろい話のネタはいくらでも発見できるはずです。

雑談に部下や後輩が食いついてくるなら、これも刺激になります。効力感が得られると、今度はもっとびっくりさせてやろう、ちょっと変わった話をして幅を広げようかといった意欲が自然にわいてきます。

そうなれば、ふだんからのネタ探しにもおのずと力がはいります。何かいいネタはないかなと探していると、新たな発見もあります。この過程でも十分頭を使っていますから、頭の回転が鈍るということがないのです。

つまり、オフィスで部下や後輩と雑談をしてウケようと思った瞬間から、オフィスでも家でも退屈することがないのです。

家では、どんな話をしようかとネタを仕込みます。ネタを探しはじめると、そこに発見があります。よくある話でも、アプローチを変えるだけで、新鮮に見せることもできます。こうしてふだんから頭を使い、頭を使ってしゃべるのですから、頭はつねにいい状態にありつづけられるのです。

また、雑談で部下や後輩を喜ばせるなら、彼らも心を許してくれます。ふだん上司に話さないようなことでも、話すようになります。彼らの話を聞くのも、また一つの刺激になります。

「なるほど、彼らは生まれたときからテレビを見ているから、こんなことを言っているのだ」「いまどきの若者は、じつは中年よりも気を遣っているのだ」といった発見があれば、後輩や部下と接するのも、ますます楽しくなります。

サラリーマンの世界には、雑談の場があるという特権があります。その特権はいずれなくなりますから、いま使わない手はありません。

加えて、ここで雑談力を磨いておけば、サラリーマンの世界を離れてのちも、いろいろなグループに積極的に加わって、話を楽しめるようになります。

●昔話をしたっていいじゃない

部下や後輩にする雑談には、いろいろな話があっていいと思います。雑談の中身が、昔話であってもいいでしょう。

昔話というと、「えっ」と驚く人もいるかもしれません。人間関係のハウツウ本にも、「後輩に昔話はしない」といったことがよく書かれています。「あのころは」「オレの若かったころは」といった昔話ほど、目下の人たちがうんざりするものはないとよく言われますが、それは話し方に問題があると思います。

昔話をするとき、つい自慢話になりがちです。過去はよかったとうっとりとなり、過去に苦労した自分たちに比べて、いまの若者はときたら式の話になってしまいがちです。

人の自慢話ほど、聞いていてつまらないものはありませんし、昔話にかこつけた説教も同じです。要は、自慢話、説教にならない昔話なら、話す価値があるのです。

それが、「ださく」「野暮ったく」「古めかしく」てもかまいません。話す価値があると思う昔話なら、部下や後輩に聞いてもらえるのです。

じつは、人は意外なくらい、他人の昔話を好きなのです。ダサくても、野暮ったくても、そこに活力や人間味があふれている昔話なら、もっと聞きたいと思うくらいです。

実際、島田洋七さんの『佐賀のがばいばあちゃん』は大ベストセラーになりましたし、映画化もされました。お話自体は、島田さんの祖母が貧乏人ながら、たくましくも奇抜な生き方をしてきたというものです。

島田さんの祖母についての昔話をよく聞いていたのは、ビートたけしさんだといいます。こんなおもしろい話はないと、ビートたけしさんが出版をすすめ、実際、多くの人が「こんなおもしろい話はない」と競って読みました。

近年ヒットした朝のドラマ『カーネーション』もまた、昔話です。世界的ファッションデザイナーであるコシノ三姉妹の母である小篠綾子さんの物語です。これも昭和の岸和田を舞台にした泥臭い昔話なのですが、人気作品となりました。

昔話は積極的にしたほうがいいのです。自慢、説教になるのを防ぐには、失敗談を語ればいいでしょう。失敗談というのは、聞いてもらいやすいのです。

昔話をしておくのは、50歳代の役目ともいえます。若者は意外なくらい、昔のことを知りません。水洗便所がない時代の暮らしのことから、家に電話がない時代のことまで、あまり知りません。

50歳代が経験した高度経済成長時代や、その後、石油危機やドル・ショックからはじまる世界的スタグフレーションの時代も知りません。そんな時代にどう生きたか、どんな失敗があったか、どんな人たちが頑張ったのかを、伝えるのは重要です。

習慣3　好奇心が心身を若く保つ

●ちょっとした疑問でもすぐ調べる

家でテレビをゴロゴロしながら見ているとき、「はて、これはどういう意味だろう」とか「これは、事実と違うのではないか」と思ったりすることがあるでしょう。

問題は、このあとどうするかです。「まあ、いいや」で終わらせてしまったのでは、自分の頭や心を早く老け込ませることにもなります。

「ちょっと調べてみよう」と腰を上げ、百科事典をひいたり、あるいはインターネットをのぞいてみる。あるいは、専門知識をもつ知人に電話などで尋ねてみようという人は、まだまだ若いといえます。好奇心を十分にもっているからです。

私はあちらこちらでいろいろな人を見てきましたが、年齢に比べて若く、頭もイキイキとしている人というのは、たいがい好奇心が旺盛です。「なぜ」と思ったら、居ても立ってもいられず、動きだしてしまうような人たちです。

ソニーの創業者であった井深大さんも、そんな一人でした。

ある日、井深さんといっしょに新幹線に乗っていたときのことです。新幹線の車窓から風景を楽しんでいた井深さんは、突然、「あれは何？」と私に聞きました。

見ると、何かの建物なのですが、それが何なのかは私にも見当がつきません。私が「知りません」と答えると、井深さんは立ち上がって、通路のほうへ行きました。

井深さんがそこで何をしたのかといえば、会社への電話です。彼は自分の秘書を呼び出して、「いま通過した窓の外にこういう建物が見えたが、あれは何なのか調べるように」と求めたのでした。

私もかなり好奇心が強いほうなのですが、この井深さんの好奇心の強さには兜《かぶと》を脱ぎました。井深さんは「はてな？」「あれは何？」と思ったことを、すぐに調べずにはいられないのです。

誰しも、「あれは何だろう」くらいの好奇心はもち合わせています。問題はそこからで、「まあ、いつかわかるだろう」くらいに思っていては、その好奇心の芽は摘まれてしまうのです。

「よし、調べてみよう」と腰を上げることで、さらに好奇心はかきたてられ、新たな発見、そして驚きにつながっていくのです。

この「はてな」の追求は、思いがけないほどの成果をもたらしてくれます。近年、日本史では、長篠合戦における鉄砲三段構えの話はしなくなってきたそうです。

戦国時代、織田信長・徳川家康の連合が武田勝頼と戦ったとき、織田方は鉄砲部隊を三段構えで備えたといわれます。

第一陣が射撃したのち、うしろにさがり、第二陣が前に出て射撃したのち、彼らもうしろにさがります。つづいて第三陣が前に出て射撃し、彼らもうしろにさがり、今度は第一陣が前に出て、射撃するというものです。

織田方は切れ目なく鉄砲をうつことで、武田方に勝利したとの話は、長い間もっともらしく語られてきました。

ところが、近年、日曜歴史家らが「はてな」と感じはじめました。もし三段構えが有効なら、のちの武将らはこれを取り入れるはずですが、誰も真似しませんでした。

そこから疑問を抱いた人たちが、現場を歩いたり、鉄砲の専門家の話を聞いたりしました。結果、鉄砲の三段射撃はありえない話となり、あまり語られなくなったのです。

「はてな」の威力は、これほどすごいのです。人生経験を積んだ50代なら、好奇心の発揮しだいで、なおさらいろいろなことができるはずです。それは、人生にさらに彩りを添えてくれるはずなのですが、そのためにはまずフットワークを軽くすることです。

漠然とでも疑問に感じたことは、すぐに誰かに聞いてみる。ネットで調べてみる。本で調べてみる。といったことを繰り返していれば、さらに好奇心はたくましくなり、人生をおもしろいものにできるでしょう。

さらには、頭にもいい刺激となります。好奇心をもつかぎり、その人の人生はつねにエネルギッシュなのです。

●マイナーなジャンルの「通」を目指そう

サラリーマンの世界では、博識な人が「できる人」と思われがちです。サラリーマンは日夜、いろいろな情報を追い求め、つねにオールマイティであろうとしています。

それも一つの生き方なのですが、皆が同じでは、差がつきません。同じように博識であろうと競争するうち、似たような思考法になり、思考がワンパターン化してきます。

思考のワンパターン化は頭をカタくし、博識のサラリーマンが意外に融通のきかない人だったというケースがあるのも、このためです。

そこで、50代のサラリーマンに提案したいのは、一つのジャンルの「通」を目指すことです。ジャンルは、なんでもかまいません。釣り、鉄道、飛行機、歌舞伎、能、バレエ、奇術、園芸、米づくりなど、なんでもいいのです。

そのジャンルで「通」を目指すなら、人とは違った知識や情報を得られるようになります。そこから、いままでになかった視点が生まれたり、これまで思いもつかなかったモノの考え方もできるようになります。

そうなると、ただのもの知りよりも、思考力が深くなり、頭のキレもよくなるのです。「通」を目指すジャンルは、できればあまり人気のないジャンルがいいでしょう。軽音楽やクラシック、鉄道などでもいいのですが、こうしたジャンルには多くの固定ファンがいます。彼らと競って「通」といわれるようになるには、かなりの努力が必要です。

すでに長年、その道一筋である人には、とうてい追いつけません。追いつけなくても楽しめればそれでいいのですが、あまりに差があると、やる気が失せやすい。ならば、人気のないジャンルに行ったほうがいいのです。

人気のないジャンルには、そう競争相手がいませんから、少し努力すれば、すぐに「通」になれます。ちょっと知識を披瀝《ひれき》すれば、他人からは「えっ、そんなことまで知ってるんですか！」と喜んでもらえます。すると、ますますそのジャンルの「通」になろうと励めるのです。

小さなデザイン事務所を開いている知人は、あるとき仕事の関係で「江戸文様」や「和《わ》更紗《さらさ》」の世界に触れて、そのほとんど収集家のいない分野の虜《とりこ》になりました。

仕事の合間に集めはじめて数年後には、ささやかな本にまとまったのですが、それが注目を浴び、今では文字どおりの「通」となって、ほとんどその分野の権威になろうとしています。

最初の本、『日本の文様染めの型紙』に続き、『江戸文様図譜』とか『和更紗文様図譜』（いずれも熊谷博人著、クレオ刊）なども出版されています。

「通」というのは、いまどきの言い方をすれば、「オタク」といえるかもしれません。「オタク」という言葉にはあまりいい響きはないのですが、その道に熱心で、よく知っている人たちのことです。

オタクといわれてきた50代の人を見ると、なるほど視点や思考法が違うと思います。オタクでない50代も、これからオタクになればいいのです。

実際、50代のサラリーマンにはすでに多くの知識があります。これ以上、博識になっても、知識の使い道があるわけではないのです。ならば、一つの世界の「通」になってみることです。人としての幅も、ずっと広がることでしょう。

●異性向けの雑誌で脳のストレッチ

何かのジャンルの「通」になるには、自分の好みに忠実になればいいのですが、すぐに好きなことが浮かばないという人もいるでしょう。

若いころは好きなこともあったのに、仕事に忙殺されているうちに、何が好きなのかわからなくなったという人もいるかもしれません。そんな人は、書店に出掛けて趣味の雑誌をパラパラとめくってみてはどうでしょう。

書店の雑誌コーナーには、一般雑誌のほかに、多くの趣味雑誌が並べられています。よく見れば、趣味雑誌のコーナーのほうが一般雑誌のコーナーよりも圧倒的に広いのです。

スポーツ、グルメ、ファッション、経済、旅行、音楽、映画、芸能、サイエンス、歴史物、釣り、乗り物、料理、玩具など、ジャンルはさまざまです。こんなジャンルにまで雑誌があるのかと驚くことさえあります。

趣味雑誌はあまりに多く、目移りするほどですが、その中から「おもしろそう」と思った雑誌を手に取り、立ち読みしていけばいいのです。

何冊も立ち読みしてかまいません。できるだけふだんの自分とかけ離れた世界の雑誌に手を出してみるといいでしょう。そのほうが、ハッとさせられるものが多くなると思います。

たいていの人は一つか二つ程度しかない興味の対象のみに目がいきがちで、視野が狭くなっています。思考回路がワンパターン化して、そこから頭のサビつきがはじまります。

そのサビを意識的に落とすのが、趣味雑誌めくりなのです。趣味雑誌を何冊も立ち読みしていると、いかに多くのジャンルがこの世の中に存在するかわかります。そして、一つひとつのジャンルに、工夫が施され、知恵が払われていることに気づくはずです。

これまで自分がいかに小さな世界に没入していたかがわかり、もっといろいろなモノを見てやろう、知ってやろうという気になってきます。思考に新たな回路が生まれるなら、頭のサビも落とせるのです。

もちろん、趣味雑誌でなくてもかまいません。一般雑誌でも、ふだん読まない一般雑誌なら、いい刺激になります。「こんな特集もありなのか」「こんな意見もあるんだな」となることもあります。

一般雑誌を読むとき、おすすめなのが、異性向けの一般雑誌を手にとることです。男性なら婦人雑誌、若い女性向けのファッション雑誌、女性なら男性向け雑誌です。歯科医の待合室など、絶好のチャンスです。

そこには、知っているようで、まったく知らなかった世界が展開されています。女性がどれだけブランドにこだわっているか、いまどきの弁当がいかにかわいらしいものになっているかといったこともわかります。これまた、頭のいい刺激になります。

習慣4　休日の過ごし方ひとつで脳は活性化する

●休日を「何かに感動する日」と決める

50代から重要になるのは、休日の過ごし方です。休日をどう過ごすかで、頭の切り換えができ、50代、60代でなお斬新なアイデアがあふれ、創造的な活動ができるのです。

50代の中でも、とりわけ休日に向き合う必要があるのは、それまで働きづめでやってきた人たちです。会社での権限も大きくなる50代を迎えると、ますます仕事一辺倒になってきた、といった人たちです。

彼らは、すでに仕事を趣味としています。仕事を趣味とする生き方は、若いころにはいいかもしれませんが、限界が出てきます。というのも、人間的な幅が生まれず、頭の働き方も偏ってしまうからです。

仕事一筋の生き方をしていると、ほかの楽しみを知りません。この世の中には、仕事以外にも、いろいろなおもしろさがあります。仕事とは異質の感動を得られる場も数多くあります。仕事に没入していては、他の楽しみや感動を知らないままとなります。

これでは人間的な幅が生まれず、視野の狭い人物になってしまいます。感動の場を得られなければ、心はカタくなり、心のカタさは頭のカタさにつながります。

人間的に幅がなく視野が狭い人というのは、会っていてあまり楽しくありません。会話の中身も仕事に限られてしまい、さまざまな出会いの場を失う結果となります。

加えて、仕事一筋では仕事用の思考回路しか鍛えられません。他の思考回路が鍛えられることがないままですから、頭の働きは偏ったものになります。

頭の働きが悪くなってくれば、仕事一辺倒なのに、いい結果を出せないことにもなります。仕事もつまらなくなり、かといって、他にやることもないというのでは、つまらない50代となります。それどころか、仕事をやめた60代、70代で何もすることがないと嘆くことにもなります。

つまり、仕事一筋でやってきた人ほど、50代を迎えたら、休日の過ごし方を大事にしてほしいのです。休日をゴロ寝ですますのはやめて、「何かに感動する日」にしたらどうでしょうか。

歳を加えてきたことを逆手にとって、「加齢なる合唱団」という同期生男女の歌の会を始めた知人がいます。最初はお世辞にも「華麗」とはいえない「加齢なる歯ーも無い（ハーモニー）」でしたが、回を重ねて楽しんでいるうちに、お互いに若々しくなり、仕事にも家庭生活にも張りが出てきたといいます。

毎週日曜日はレンタルＤＶＤを観る日、と決めてもいいでしょう。

何か感動を得られるなら、それだけで休日は楽しいものになります。休日が楽しいものになれば、今度の休日には何をしようかという気になってきます。仕事以外にも、おもしろいものが見つかってきたなら、しめたものです。

こうして、仕事にも没入できる一方、仕事以外でも一芸に秀でた人物になることができます。仕事以外の世界でさまざまな興味を持ち、感動を増やしていくなら、心は若返り、心の若さは頭をほぐしてくれます。いろいろな思考回路が鍛えられます。結果、仕事用の思考回路もより冴えてくるのです。

やがて、誰もが「毎日が日曜日」の時代を迎えるのです。「毎日が日曜日」の時代にあれをしよう、これもやりたいといまから考えておけば、充実の60代、70代を送れるでしょう。

●休日の計画を二、三日前に立てておく効用

ある高名な経営評論家は、一年間のスケジュールをつくるとき、まず休日をいつとるかから埋めていくそうです。4月の半ばには○○に行くとか、11月の初めに趣味の楽器の演奏会を開きたいといった具合です。

これは、多忙な毎日ゆえ、休日のスケジュールを確保しておかないことには、休もうにも休めなくなるからでもありますが、ほかにも理由があります。休日の予定をあらかじめつくっておくことで、休日をより有意義なものにできるからです。

休日を有意義に過ごそうというとき、いざ休日になってから何をしようか考えたのでは、なかなか思うようなことはできません。

美術館に行こうか、あるいは海へドライブに行こうかなどと考えあぐねたあげく、面倒くさくなって、家でゴロ寝になってしまうことだってあります。

人間の心理には、あらかじめ計画してきたものなら、これを実行に移そうとしますが、計画のないものには消極的になる面があります。計画してきたものはつねに意識の中にあ

り、やってみようという気になります。

年間スケジュールのような大きなものでなくとも、休日の二、三日前には何をするか計画を立てておきたいものです。計画を立てておきさえすれば、当日が雨で気乗りのしないような場合でも、出かけるようになります。

さらには、休日の計画を立てているうちに、今度は何をしようかとあれこれ考えるようになります。そうなれば、休日はますます楽しいものとなり、ゴロ寝ですまそうなどとはとても思わなくなります。

休日の計画のことを考えながら、昼休みに本屋をのぞいたり、夜にテレビを見ていたりすると、これを取り入れたらいいだろうといった情報も、自然にキャッチできるようになります。

こうして、普通に働く日々さえもが充実したものになってくるのです。

また、休日の計画を立てて、休日に楽しいことをあれこれ実体験しておくなら、定年になって慌てることなどまったくないのです。

習慣5　かなえたい夢や人生の計画を立てる

●50歳で将来の夢を描く意味

50代というのは、仕事の熟練者です。さまざまな成功と失敗体験を積み重ね、現実がよく見えています。

若者の企画案についても、「ここが現実的でない」といった鋭い指摘ができるのですが、あまりに現実にシビアになっていると、失われていくものがあります。夢を持つ力です。

50代の中には、いまさら夢を描いたってしかたないだろう、それより手堅く生きることのほうが大事だと考える人も少なくありません。

たしかに、手堅い生き方は現実に則したものかもしれませんが、頭の活力を失わせるものなのです。創造の意欲もなければ、創造の力もない人生になってしまいかねません。

50代になっても、夢は描いたほうがいいのです。平均寿命の長くなったいま、50代、60

代を迎えても、まだまだ人生の先は長いのです。

定年後の人生が、仕事人生よりも長いものになることも十分にありえます。まだ十分に生きられるのですから、そこで未来を描くことが重要なのです。

夢は、何でもいいのです。将来、子どもたちに数学を教えたい、世界一周をしたい、古文書が読めるようになりたい、浪曲を人前で歌えるようになりたい、などいろいろあってかまいません。会社にいれば、仕事の目標でもいいでしょう。人間は、その死ぬ間際まで夢を描きつづけることができるのです。

夢を描いていれば、夢の実現に向かってやる気が起きてきます。何歳になっても、夢を持つかぎり、前向きでいられるのです。

また、夢を実現させるには何が必要かと考えていると、注意力が増して、さまざまな情報を吸収しようとします。日常からも多くの刺激を得られ、これが頭の劣化を防いでくれるのです。

たしかに、現実を考えると、「無理だろうな」と思うことがあるかもしれません。けれども、世の中に絶対に「無理」なことも存在しないのです。無理かどうかは、やってみて、それから考えればいいではありませんか。

やってみれば、案外、いけそうなことに気づくこともあります。完全な実現は無理だろうが、ここまでなら達成できそうだと判断することもあるでしょう。ならば、途中まででもやればいいのです。

50代でいい夢を描いたと思うのは、『ドラえもん』で有名な漫画家の藤子不二雄氏でしょう。『ドラえもん』は東南アジアで一番知られた日本のキャラクターといわれますが、ご存じのように、「藤子不二雄」はもともと二人の漫画家の合体ペンネームで、デビュー以来、長くこのペンネームで仕事をしてきました。

彼らは50代になって、それぞれが独立します。一人は藤子・F・不二雄の名で、もう一人は藤子不二雄Ⓐの名で、それぞれが別の道を歩むようになったのです。つまりは、それぞれが違う夢の実現に向かって動きはじめたのです。

「藤子不二雄」というこれまで築いてきたビッグネームから離れることに不安はあったと思います。それでも、彼らは自分独自の夢を追ってみたいと思ったのです。

彼らは、別の道を歩むようになってからのち、それぞれが独自の個性を発揮するようになり、ともに高いレベルの創作活動を行ってきたと聞きます。

●50代からの夢が、むしろかなえやすいワケ

50代からの夢というと、現実を知らない人間の言うことだと決めつける人もいがちですが、それは誤解です。むしろ、50代からの夢はかなえやすいと私は考えています。

というのも、50代には夢をかなえるだけの実力が備わっているからです。50代には、豊富な経験があるのに加え、経験から得た知恵があります。

たしかに頭の劣化が取り沙汰されるころですが、頭をきちんと管理しているならば、以前と変わらないくらい頭を回転させることができます。

また、夢をかなえるのに必要な人脈も持っていますし、組織を動かす力にも長《た》けています。知恵、経験、人脈、組織などを総合して、一つの物事に向かう構想力にすぐれるのです。

とりわけ、物事を論理的に構築していく能力にかけては、50代はもっともすぐれているのではないかと思います。大がかりな仕事ほど、50代の知恵と経験、人脈、統率力がモノをいうのです。この年代にこそ、やりたいことをやり遂げられる確率が高いのです。

世の中の何かを変えたいといった夢は、50代におおいに描いたほうがいいのです。50代の現実を動かす力を、過小評価してはいけません。

また、世の中を変えたいという夢は、実現できなくてもかまいません。世の中を変えたいという夢を描いて、実行に移す姿を、あとの世代が見ていてくれるからです。

将来、彼らが同じ夢を描いて達成してくれるかもしれません。50代から世の中を変えたいと思う夢は、受け継がれる夢になりうるのです。

●やりたいことに優先順位をつける

5年後、10年後の計画を立てるのがいいのは、その後の人生の優先順位も見えてくることです。優先順位をはっきりさせたほうが、これからの人生をより有意義に使うことができるというものです。

あれもやりたい、これもやりたいと、エネルギッシュな50代も少なくありません。ありあまるエネルギーにまかせて、手当たりしだいにチャレンジするのはいいのですが、ともすればこれは空回りに陥りやすいものです。

「二兎を追う者、一兎をも得ず」の言葉もあるように、あれもこれもすべて成功するのはむずかしいのです。

さらに50代から先は、若いころのように体力にまかせて何かをするというわけにはいきません。これくらい掛け持ちでもできるだろうと思っていたことも、できなくなります。だからこそ、優先順位をつけた計画を立てることが大切なのです。

医者の石川恭三さんも「5年たったら死ぬんだと考えて、人生計画を立ててみよう」とその著書でおっしゃっています。すると、「自分のしたいことの優先順位が見えてくる」というのです。

まさしくそのとおりで、計画を立てることが、これからの人生の選択にもかかわってきます。計画を立てていくことは、どうしても自分の体力や能力との相談になります。この体力や能力との相談のうちに、自然と優先順位が決まってきます。

油絵に詩吟、カメラ、登山とあれもこれも考えていた人でも、これはまずカメラと油絵の充実を考えようと優先順位をつけるかもしれません。

あるいは、まだ体力のあるうちにできるだけ楽しみたいからと、登山を優先させ、家でもできる詩吟を後にする人もいるでしょう。それを考えていくのがまた楽しいのです。

習慣6　いつもと違う場所に座れば世界の見え方が変わる

●電車や喫茶店では、目立つ真ん中の席に座る

よく映画女優や舞台女優は、永遠に老け込まないなどといわれます。たしかに吉永小百合さんをはじめとするスターを見ていますと、とてもこの人が60代とは思えない若々しさです。

もちろん、それは老け込まないための美容効果があってのものでしょうが、ほかにも私は理由があると見ています。

それは、彼女たちがつねに人の視線を意識せざるをえないからです。スクリーンの中はもちろん、彼女らは日常生活でもどこで誰に見られているかわかりません。その緊張感が心身に張りをもたらしているのです。

さらに、人に見られる快感が、より美しく自分を見せたいという欲求となり、彼女たち

はより美しくあろうと無意識のうちにも努力するのです。

この、人に見られる快感や緊張感を、何も彼女たちの専売特許とすることはないでしょう。これから50代、60代を生きていく人たちも、女優さんほどではないにせよ、人に見られる緊張感や快感の中に身を置けばいいのです。それが、決まりきった日常に埋没しそうな自分を変え、さらには若々しくしてくれるのです。

人に見られているというのは、自分の中にある自意識の現れです。普通、自意識といった場合、自意識過剰は恥ずかしいことのように感じられやすいのですが、そうとばかりは決めつけられません。

過剰な自意識は、人間の機能年齢を下げ、心身を若返らせてくれるのです。これは、人に見られている緊張感が、心身に刺激を与える結果です。

ところが、いまの50代を見ていると、どちらかといえば、できるだけ目立たない生き方に流れているような気がします。若者たちから好奇の目で観察されたくはないからと、ネズミ色の背広を着て、電車の中でも喫茶店でも、隅っこのほうに陣取ってはいないでしょうか。

これは、いまの50代がいかにシェルター願望が強いかを物語っています。シェルターとは防御壁のことで、シェルター願望が強い人はもし攻撃を受けたときに、いかに守りやすいところにいるかを中心に物事を考えがちです。これでは何をするにも消極的になり、とても強い自意識が生まれようもありません。

そこで、いまの50代に必要なのは、シェルター願望を弱め、もっと自意識が強くならざるをえないような場所に身を置くことです。

たとえば、空っぽの電車の中で席の真ん中に身を置くだけでもいいのです。あるいは、喫茶店でも真ん中あたりの席に身を置いてもいいでしょう。たったこれだけのことですが、あなたは人の視線を感じざるをえず、適度な緊張を味わうことになるのです。

最初のうちは戸惑う緊張にも、そのうちに慣れてくるはずです。目立っていることに快感まで感じたら、これはたいしたものです。そんな人の視線を感じられる毎日が、あなたを若々しくしてくれるはずです。

●セミナーでは一番前に座る

かつてほどでなくなったとはいえ、会社は50代のサラリーマンにとって、比較的過ごしやすい場所でしょう。ちょっとうまく立ちまわれば、うるさい上司の顔を見ないですむようにもできますし、苦手な仕事は部下に押しつけ、自分は会社の中で、できるだけ目立たないでいることができます。

しかし、このややもすれば気楽な立場というのは、自分の心身を早くから老け込ませることにもなります。人から見られているという緊張感が、自分に刺激を与え、頭を若返らせてもくれるというのに、その緊張感がないからです。

おまけにこのまま定年になれば、もう怖い顔の上司をビクビク拝むこともなくなります。たしかにホッとする面もありますが、これではますます緊張感を失うことにもなります。

そこで、会社にいるあいだ、自分に刺激を与えておくのも一法ではないでしょうか。いまのうちに、会社にいないと受けられないような強い刺激を受けて、心身の緊張度を高めておくのです。

それには、たとえば会議や宴会でイヤな上司の前に座るのもいいでしょう。かつて駆け出しのころは、先輩社員から怖い上司の前に座るように言われた人でも、50代のベテランになれば、そんな経験をすることはありません。たいていはうまく立ちまわって逃げてしまうところですが、それをあえて買って出るのです。

もちろん、イヤな上司の前ですから、必要以上に緊張するでしょう。自分の行動や言葉が相手にどう見られているか、いつになく気を遣うでしょう。その強い緊張感が、日常に流されがちだった自分に強い刺激となります。

それは、自分の自意識を強くするものでもあります。自意識というと、すぐに「自意識過剰」という言葉が思い浮かぶ人もいるでしょう。「自意識過剰」というと、イヤな奴を表す言葉になってしまいがちですが、人間が自分らしく個性的に生きるには、自意識が必要なのです。

自意識が弱いと、すぐに相手に合わせてしまいます。それは無難な道かもしれませんが、「自分」というものがなくなります。流されてばかりですから、思考力は弱まります。逆に自意識が強くなれば、自分の意見を主張しようとしますから、思考力は深まるのです。

上司との葛藤がつらいというのなら、セミナーや講演会で一番前の席に座るのもいいでしょう。小学校や中学校のころを思い出せばわかるように、一番前の席というのは先生につねに見られているという意識から、ずいぶんと緊張するものです。

その子どものころに味わった緊張をよみがえらせるのです。自分の自意識を強くし、若々しさを保ちたいなら、まずは自分自身にあえて緊張を与えることなのです。

習慣7　心身を若返らせる家族関係のつくり方

●夫婦の会話をはずませる秘密

会田雄次さんといえば、京都大学で長らく歴史学を教えられ、『アーロン収容所』など数々の著書でも有名な人でした。

氏は高齢になられてからもかくしゃくたるもので、若い人にズバズバとものを言っておられましたが、その若さの秘訣の一つは、夫婦関係にあったようです。

ある雑誌を読んでいると、氏は毎晩、奥さん相手にああだ、こうだと言いながらお酒を飲まれていたようです。これが晩年に至っての氏の最高の楽しみだったようですが、こうして夫婦でおしゃべりすることは、50代からの人生において大切でしょう。

多くの日本人の場合、会田さんとは逆で、歳をとればとるほど夫婦で話すことは少なくなります。若いころ、デートのときなどあれこれ語り合ったカップルも、子どもが生まれ、夫の仕事が忙しくなってくると、会話が途絶えてきます。何か言われても、「あっ、そう」で終わりということも珍しくありません。

これをよく日本人は以心伝心の民族であり、気心の知れた者同士があえて語り合う必要がないところに、日本人のよさがあるのだと言う人もいます。

けれども、たいがいの場合、これは日本の男性のもっている幻想にすぎないのです。会話がなければ、人間関係はしだいに冷えたものになっていくことが多いのです。

実際、夫が定年を迎え、家にずっといるようになったとき、会話の少なくなっていた夫婦の会話が復活するといった話はあまり聞きません。

どちらかといえば、すでに自分の世界を築いてきた妻のほうがさっさと外に出かけ、夫は家にほうられっぱなしといったケースのほうが多いのです。妻のほうは会話の少ないことに満足していなかったのであり、そのため、もっと会話のある世界へ飛びだしていったのです。

こうして妻にも相手にされない生活というのは、じつにさみしいものがあります。50代ならまだ会社の同僚とグチを言い合うことができても、そのさき60代で定年してからは、さしたる話し相手もいなくなりがちです。

もっとも話せるはずの妻と会話がないのでは、非常に閉ざされた世界に住むことになります。これでは、心の自由を失い、精神から張りが失せてしまいます。

一方、50代になっても妻とよくしゃべり合う仲だったらどうでしょう。じつはそれだけのことでも、頭と心の刺激になります。わかっている仲とは思っていても、意外な発言から思わぬ一面を知ったりもします。

また、お互いに興味のあることを話していけば、そこから刺激を受けることは多いものです。

そのうえ、妻の場合、余った時間に近所づきあいや、ボランティアをしていることが少なくありません。違った世界を知っているわけですから、夫が妻の紹介でそうした世界に入っていくこともできます。

もちろん、その逆もあるでしょう。夫はビジネスの広い世界を長年見てきています。それは妻にとってはあまり縁のない世界ですから、夫が上手におもしろおかしく話せば、これは新鮮に映ります。

夫婦ともども相手と話すことによって、いろいろなものが取り入れられ、刺激になっていくのです。そのやりとりが愛情をさらに強くしていくのは、言うまでもありません。

あなたが50代を迎えたなら、いまの夫婦関係を少し振り返ってみてください。「あっ、そう」で日常が終わってはいないでしょうか。だとしたら、これはもったいない話です。最初は、テレビの話でも何でもかまいません。まず会話を取り戻すことからはじめたいものです。

●夫婦間でもナゾの部分を残す

「灯台下《もと》暗し」という言葉がありますが、これは夫婦の間にも言えることのような気がします。

家庭から一歩外に出かけてみると、たしかに魅力的な人物はあちこちにいるものです。会社の上司だったり、取引先の人物だったりいろいろでしょうが、話していて楽しめ、魅力的な人物はもっと身近なところにいるものです。それが、夫や妻というお互いのパートナーなのです。

実際、かつては異性の中でもっとも魅力を感じたから結婚したのであり、その魅力は性的なものだけではなかったはずです。いっしょに暮らそうと決心したわけですから、じつはいまなお魅力をたたえたパートナーなのです。

それなのに、いまはあまり魅力を感じないというのは、一つには「隣の芝生は青い」からです。楽しそうに生きている他人が、いまのパートナーよりもついつい輝いて見えがちですが、それはパートナーの長所、短所を知り尽くした反動なのです。

実際には、いまのパートナーほど、あなたのことをわかってくれる魅力的な人物はいないのです。

さらにもう一つ、夫婦関係というものが、ともすれば緊張関係を失いやすいことも関係があります。相手に心を許していっしょに住んでいると、ともすれば緊張感を失います。

それは気楽な反面、相手にとってはあまり魅力を感じなくなることにもつながります。隠れている部分があるから見たいと思うのであって、すべて100パーセント裸をさらしてしまったら、誰も見たいとは思わなくなるものです。

そこで大切なのは、どんなに仲の良い夫婦関係であっても、ときに意外な一面を見せるような自分の魅力づくりをしておくことです。

もう100パーセント相手のことをわかっていたと思っていたのに、思いもよらないことを言いだしたとなると、パートナーはびっくりします。それが適度な緊張感となって、夫婦関係も長続きするのです。

作家の田中澄江さんも、夫婦に緊張が必要なことを語っておられます。いい夫婦関係を保ってきた田中さんは、「夫と62年間暮らして、毎日、相手の違った面を発見したり、思いがけないことを自分が言いだしてしまったりしていた」と振り返っています。

さらにつづけて、夫婦に倦怠期があったり、お互いに刺激がなくなったというのは、お互いが不精な怠け者になったからではないかと指摘されています。

夫婦だからといって、すべてをさらす必要はないわけで、隠しておいた部分で相手をびっくりさせるのは、夫婦の間のいたずらのようなものです。このいたずらによって、夫婦の間にいい刺激が生まれるばかりか、新しい自分だってつくっていけるのです。

●「お父さん」のイメージに自ら合わせない

いたずらついでに言わせてもらえば、家族の間でいたずらをしてみるのもいいでしょう。

「えっ、うちのお父さん、そんなところあったの！」と子どもがびっくりするようなことをしてみせるのです。

これまた、新しい自分づくりにつながっていくのです。夫婦についてはすでにお話ししたとおりですが、これは子どもを含めた家族全体でも同じです。

家族だからといって、１００パーセント裸になる必要はないのです。むしろ、隠し玉を用意しておいて、ここぞというときに見せたほうが、家族の間にここちよい緊張のようなものが生まれるのです。

アメリカの家族を見ていますと、外ではいかめしいお父さんが、子ども相手にはいたずら小僧に戻る姿に驚かされます。それこそ大学教授や一流企業のビジネスマンも、家族の中ではただの人に戻るのです。

もちろん、そこにはアメリカ人のいたずら好きの国民性もあるでしょう。なにしろ、大リーグの球団では、新人選手が入ってくると、ロッカールームから自分の服が隠されて、スーパーマンの衣装が用意されているといったいたずらが行なわれるといいます。

新人選手はスーパーマンのかっこうで自宅なり次の遠征先まで移動するわけで、これが新人選手への歓迎の印なのだといいます。

もっとも、日本ではこんなダイナミックないたずらはなかなか見ませんが、茶目っ気あふれる言葉の応酬は昔からあります。

これは、明治の文豪・夏目漱石の家の話ですが、漱石は大の甘党で羊羹《ようかん》が大好きでした。漱石はいつものようにお手伝いさんに羊羹を切ってもらい食べていたのですが、お手伝いさんが近くで仕事をしています。漱石は、そこで、

「おまえさんにも、あげようか」

と羊羹をすすめました。すると、お手伝いさんの答えはこうです。

「お毒味はもうすませました」

お手伝いさんは漱石に隠れてちゃっかり羊羹を試食していたわけで、それを「お毒味」という言葉で切り返して、主人である漱石をギャフンと言わせたのです。

これは家の主人とお手伝いさんの関係なのですが、こんないたずら心あふれる応酬を、家族でもっとやってもいいのです。

漱石といえば、文学史の中ではおカタい人です。けれども、いまのエピソードを聞けば別の一面も見えてくるでしょう。そんな別の一面を家族にも積極的に見せていけばいいのです。

☆アタマの柔軟発想のコツ　Ｐａｒｔ１

占いの当たる確率のウラ読み術

最近の天気予報はかなりの確率で当たるようになってきましたが、ひと昔前は、いまほど高いものではありませんでした。そんな時代、私は気象庁の人と、天気予報の当たる確率の話をしたことがあります。

「天気予報はなかなか当たりませんね」と私が言うと、「いや70パーセントは確実に当たっています」という答えが返ってきました。

たしかにそれくらいは当たっているのですが、そんな実感が私にはありませんでした。「実感がないのに、70パーセント」などと思っていると、パッとひらめいたのです。

これは、当時私がつくった『頭の体操』シリーズの、問題のヒントになりました。右か左かという二者択一のケースで、当たりをつかむ方法を私は考えだしたのです。

たとえば、二人の占い師を呼んできて、白か黒かを占ってもらいます。すると、一人の占い師は「私は七割当たるから、私を採用しなさい」と言います。もう一人の占い師は、「私はこのごろ調子が悪くて、二割しか当たりません。ですから、私は今回諦めました」と言います。

ここで問題です。この二人の占い師のどちらを採用したほうが、より当たるでしょうか。

答えは、二割しか当たらない占い師のほうです。この占い師が白と言ったなら、その逆の黒に賭ければいいわけで、そうすると八割が当たる計算になります。こうした問題を、私は天気予報の当たる確率の話を聞きながら思いついたのです。

第2章

50歳を過ぎても記憶力がまったく衰えないコツ

習慣8

記憶力はまだまだ強くできる

●50代こそ威力を発揮する「意味づけ記憶法」

若いころには記憶力に自信があっても、歳をとるごとに「えっ、こんなに俺ってダメなの?」と思うことがしばしば出てきます。

衰えるものは衰えるのです。問題は、その衰えを潔く認め、衰えとどうつきあっていくかです。このつきあい方しだいでは、衰えもカバーし、十分に50代からの人生を楽しめるのです。

実際、私も50代に突入してから記憶力の衰えを体験しています。

まだ千葉大学で教えていたころですが、30人くらいが集まるセミナーがあったとき、参加する学生の顔と名前を簡単に覚えられなくなったのです。

若いころは30人くらいの顔と名前を覚えるなど、どうということはなかったのですが、現実には記憶力が減退してしまったのだからしかたありません。私はそこで一計を案じました。

学生に頼んで、一人ひとりの写真を撮らせてもらったのです。そしてその写真をカードにして、その裏に名前を書き込みました。こうやって空き時間に裏表を見返していくと、自然に顔と名前を覚えていけるものです。

セミナーの時間になって、「○○君」「××君」と当てていくと、学生も驚きます。「先生、記憶力が悪いなんてウソじゃないですか」と言ってくるのですが、私に言わせれば冗談ではありません。こちらは、衰えた記憶力をカバーすべく努力しているのです。

もちろん、すべての記憶力を補強できるわけではありませんが、記憶力が悪くなったではすませられない部分は、やり方しだいで補強できるのです。それには、自分に適したあらゆる手段を試してみるといいでしょう。とにかく、記憶のとっかかりをできるだけ多くすることが大事なのです。

記憶というと、すぐに受験時代の丸暗記を思い出す人も少なくないでしょうが、丸暗記ほど効率の悪い記憶方法はないでしょう。無意味なつづりや記号を丸暗記したところで、それはわずかの期間で忘れ去ってしまいます。

じつは記憶するというのは、意味づけするということなのです。意味をつければ、記憶を引き出すときのとっかかりになります。そのとっかかりが多いほど、記憶は強いものになるのです。

意味づけられた記憶がいかに強いかは、交通標識一つとってもわかるでしょう。交通標識は、そこに何らかのメッセージがこめられているものです。だから誰でも簡単に覚えることができるのです。

この意味づけによるとっかかりをいかに多くするかで、記憶が強くなっていくのです。たとえば、人を覚えるにしろ、ただ写真を見ただけでは記憶はそれほどものにはなりません。

ところが、その人が横町のタバコ屋を曲がった奥に住んでいて、その人のお母さんが自分の母親と同い年だったりすると、記憶のとっかかりが多くなります。10年以上その人のことを忘れていても、ふとしたはずみで思い出すことができるのです。

要は、安定した記憶の痕跡に、いかにこのとっかかり、言い換えればフックをかけておくかです。たとえ新しく覚えなければならないものでも、昔の安定した記憶の痕跡と結びつけ、そこにフックをかけておけば、根づいていくのです。

すでに50歳まで生きてきた人なら、基礎となる安定した記憶の痕跡はかなりのものがあります。これに新しい記憶の課題をつないでいくなら、まだまだ記憶すべきものは記憶できるのです。

●五感やイメージを上手に使うコツ

私たちが昔のことを少し振り返ってみたとき、覚えていることといえば、たいていが大笑いしたことや悔しかったこと、うれしかったことなどです。昔、学生時代に必死で覚えた数学や理科の公式などは、なかなかよみがえりません。

これは一つには、強引に頭の中にたたき込んだものよりも、感情をまじえたもののほうが記憶に残りやすいことを物語っています。50歳からの人生の中で、衰えつつある記憶力をカバーしようと思ったら、感情など五感をフルに活用してみてはどうでしょうか。

この五感からくるイメージの強さは、日本の近代史をひもとくと、よくわかります。かつて東京を舞台に起きた軍部のクーデター事件である二・二六事件も、この五感によって日本人に印象づけられています。

この2月26日の朝、東京はめずらしい大雪でした。この雪の風景や寒さがあいまって、二・二六事件は、日本人の記憶に強く焼きついていったのではないでしょうか。同じ軍事クーデター事件である五・一五事件よりも、二・二六事件のほうが鮮明なイメージであるのは、この雪の記憶があるからと思えるのです。

このように五感と何か大切なことが結びつけば、その大切なことは頭の中に強く残ります。これからの人生でも何かを覚えなければならないとき、それを五感と結びつけていくのです。

たとえば、アメリカにはこんなど忘れ防止の実践マニュアルがあります。家を出るとき、コンセントを抜いたかどうか心配になって後戻りした経験はないでしょうか。歳をとるとつい心配になって後戻りしてしまうことも多くなるようですが、こんなときは頭の中にヘビをイメージするといいそうです。

コンセントを抜くとき、つねに頭の中でヘビがニョロニョロ出てくる様をイメージするようにするというのです。こうしておくと、コンセントを抜いたかどうか心配になったとき、頭の中にヘビを思い浮かべればいいのです。ニョロニョロとしたヘビがすぐに登場すれば、コンセントを抜いて外に出かけたわけで、これなら安心というしだいです。

また、電気の消し忘れが気になる人は、家を出る前に一つひとつ指さし確認をするという手もあります。

このように、自分の中にある五感やイメージを大切にしておくと、それが記憶の引っ掛かりになります。こうした五感やイメージによる引っ掛かりはすぐに思い出しやすく、そこから忘れかけていた記憶も引っ張り出せるのです。

●子ども時代の記憶がこんな形で役に立つ

記憶の引っ掛かりになるのは、五感やイメージだけではありません。じつは、子どものころの記憶というものは強い引っ掛かりになります。幼いころに覚えたことというのは、歳をとっても覚えているものなのです。

これを記憶についての世界では、「還暦赤ちゃん返り」と呼んでいます。だいたい幼児教育の基本といえば、同じ物語を何度も聞かせたり、同じ歌を何度も歌ってやったりというもの。

お母さんにすればもう桃太郎の話は100回以上聞かせたのに、子どもはこの繰り返しに飽きません。飽きずに何度も聞くものですから、記憶の根っこに根づくのです。

この幼児期の記憶がいかに強いものであるかは、記憶喪失から回復するときでもよくわかります。

私の教え子に東京工業大学の学生がいましたが、彼が交通事故にあったときのことです。彼は引っ越しの手伝いをしていて、トラックの上に乗ったはいいものの、トラックがガードの下を通ってしまいました。彼は頭をガードにぶつけてトラックから落ちて重傷を負いました。

幸いなんとか助かり、一時は失っていた記憶を少しずつ取り戻しはじめるようになります。この取り戻していった記憶は幼児期のものからで、頭を打つまでのおよそ5日間くらいの記憶は、最後まで取り戻せませんでした。

このように、幼児期の記憶は強力であり、どうしても覚えたいことなら、子どものころの記憶と結びつける手もあります。

子どものころによく読んだ昔話に引っ掛けてもいいですし、子どものころに見た風景とイメージをだぶらせていく方法もあります。幼いころに読んだ本でも手に取れば、そこからうまい記憶の手掛かりが見つかるかもしれません。

習慣9 教えることで記憶は定着する

●鮮明に残る「記憶の孤立効果」とは

最近、熟年を中心に、京都や奈良への旅行がちょっとしたブームといいます。長引く不況下にあって、残業もなくなったお父さんからの、お母さんへのちょっとした家族サービスとも言われますが、これはいい傾向です。

パックであれ何であれ、どこかに出かければ、そこで新しい刺激に出会えますし、仲間もできるかもしれません。

ところで、この京都や奈良旅行で一つ注意しておきたいことがあります。京都であちこちお寺や神社をまわったはいいが、あとで思い返してみても、どこをどうまわったかさっぱり思い出せないということはないでしょうか。

写真を見ても、どれが南禅寺で、どれが詩仙堂で、どれが大徳寺だったのか、さっぱりわからないという調子です。

　こんな記憶の曖昧さに、自分もボケてきたかと嘆く人もいるかもしれませんが、それは早計です。じつは、あまりに同じようなお寺や神社をまわりすぎたばかりに、記憶がぼんやりしてしまっているのです。

　これを心理学では、「痕跡《こんせき》理論」として説明しています。同じような刺激が重なると、記憶の痕跡自体が重複しあい、全体としてぼんやりとした印象になってしまうのです。こんなぼんやりとした状態の中から、特定の記憶を思い出すのが困難なのは当たり前です。

　これではせっかくの旅行の楽しみも半減してしまいますし、頭にも効果的な刺激が送れたとはいえません。

　そこで、京都や奈良を旅行するときは、同じようなお寺や神社ばかりを巡らないことです。

　京都駅ビルなど現代建築物を見るとか、上七軒の花街を歩くとか、まったく寺社仏閣とは関係のないところを混ぜていくことで、旅行の記憶がハッキリしたものになります。

　これを心理学では記憶の「孤立効果」といって、類似性がなく独立性の高い刺激ほど一つずつの痕跡が際立ち、頭に残るのです。この記憶の孤立効果を利用すれば、旅行以外でも記憶を鮮明に残すこともできるのです。

たとえば、本を読むときにしても、同じようなジャンルの本ばかりを読まないことです。違うジャンルの本を息抜きの折りにでもはさむことによって、読んでいる本の中身が、自分の記憶の中に鮮明に定着しやすくなります。

記憶力が悪くなったと嘆く前に、ちょっと物事の進め方を工夫してみてはどうでしょうか。まだまだ、自分の記憶力は捨てたものではないと気づくことでしょう。

●積極的にアウトプットを

最近はよく中間管理職受難の時代といわれ、昨日まで上司だった人が会社からクビを言い渡されたりします。

ただ、そうはいっても、その会社の仕事をよりよく覚えているのは、若い部下よりも年配の管理職というのが現実です。

これは、いわゆる年の功だけで理由づけられるものでもないでしょう。管理職というのは部下に仕事をあれこれ教える立場であり、じつは人に教えることで、これまであやふやだった仕事の記憶をたしかにしていっているのです。

一方、部下というのはつねに教えてもらう立場です。どうしても受け身となり、受け身で覚えた記憶はまだ不安定なのです。上司のほうが部下よりエラい顔ができるのは、こんな理由があるからです。

このことは、上司と部下の関係だけでなく、すべてに言えます。人の記憶というのは、誰か他人に教えることによって強化され、本物になっていくのです。つまりインプットだけでなく、アウトプットすることで、インプットしたものが定着するのです。

実際、人に教えられないような記憶は、まだまだたいしたものではありません。

私はいま奇術に凝っているのですが、奇術サークルの中には、人前でうまく芸を見せる人はけっこういます。ただ人前でやってみせるだけの人は、すぐにその芸を忘れてしまうのです。一方、人に芸を教えている人は違います。そんな人は、いつまでも芸をしっかり覚えているのです。

何か新しい情報を仕入れたら、あちこちで人に話してみましょう。それを繰り返しているうちに、自分の中に記憶が定着していきます。

それでも忘れたら、いったん「どうして忘れたのか」を考えることです。情報を初めて仕入れたときメモでもとっていたら、それを見返してみるといいでしょう。あるいは、その情報のもととなった新聞や雑誌などを読み返してみるのです。

するとその情報の中で大きな部分が、自分の記憶に抜け落ちていることなどがわかるはずです。

実際、私も講演などでしょっちゅう話していることを、忘れてしまうことがあります。そこで初心に帰って最初にとったメモを見てみると、大きな部分の抜け落ちに気づいたりします。

「ああ、これはこういう話だったのだ」と気がついて、修正していくわけです。

こうして話を修正していくと、話がよりおもしろいものにもなります。忘れた記憶も修正して強化していけば、それは他人にとって魅力的な話にもなるのです。

習慣10

情報の上手な捨て方

●「経験」を活かした情報の整理法

20世紀を振り返れば、スピードの世紀だったともいえます。なにしろ鉄道や空の旅が当たり前となり、通信回線も飛躍的に進歩しました。昨年まで最新の技術を誇っていた国や企業も、ふと気づけば技術におおいに遅れをとっていた、という話はいくらでもあります。

そんなスピードの時代にあって、高齢者はかつてほど胸を張って生きられなくなったと嘆く人もいます。その昔は、長い人生経験が尊重してもらえたのに、スピード時代のいまは、時代についていく能力ばかりがありがたがられるというのですが、そう悲観することもないでしょう。

じつは、歳をとってもやり方しだいで、このスピード情報化の時代をうまく生きることができるのです。そのためには、いままで50年間以上生きてきた知識を総動員していくのです。その動員した知識を組み合わせていけば、おびただしい情報の流れも整理して解読できるのです。

たしかに、歳をとると物忘れをしがちですが、長い人生を生きてきた経験が若い人と違います。その経験が物の見方を豊かにし、若い人では目がいかないような情報にだって着目できるのです。

これは、たとえばテレビを見ていてもわかることです。五人の人が同じ部屋でテレビを見ているとき、皆が同じ物を見ているように思いがちですが、そうではないのです。一人はぼんやりと眺めているだけですし、もう一人は泣きながら見ていたりするのです。

あるいは、カメラワークを追っている人もいるでしょう。同じ場面を目の前にしても、見ている物は人それぞれ違うのです。

情報もこれと同じです。同じ場面にいても、そこから何をくみとっていくか、何をつかみとっていくかは、人によって異なります。

そしてそのつかみ方の広がり、深みは年の功なのです。経験の積み重ねによって、自分の中で物を見る枠組みは大きくなっていきます。その大きな枠組みで見るから、若い人ではわからないものまでもわかるわけです。

発想の瞬発力はたしかに若い人にはかないませんが、齢を重ねると、既存の知識を有機的につなげていく力はみがかれていくといいます。

実際、私など歳をとるごとにわかってきたことなのですが、50代で考えていたことが、60代になるとさらに広がりを見せたのです。これが70代になると、さらにまた広がりを見せてくれました。50代、60代では見えてこなかったいろいろなことが見えてくるのでしょう。

若いころはどこかでわからなかったことが、歳をとってからある日、ふと「こういう意味なのか」とわかるのです。

あるいは、まったくつながりのなかったもの同士が、頭の中である日、有機的につながります。こうして物事の全体像が見えてくるのです。

物事の全体像がわかってくれば、おびただしい情報が入ってきても、さして慌てることはありません。

全体像に情報を照らしてみれば、その情報は全体のどこかに組み込まれたりして、その意味が読めてくるのです。こんなことは、全体像をつかめない若い人では、できない芸当です。

なるほど若い人は情報をたくさん持っているかもしれませんが、それは整理も意味づけもなされていません。そのかぎりにおいては、情報を持っていても活かしきれていないのです。

歳をとってからの情報の整理力も捨てたものではありません。歳をとればとるほど磨かれていくものですから、新しい情報に出会ったら、まずは自分の過去に照らし合わせて意味づけしてみることです。

●興味のあるなしで取捨選択すればいい

歳をとってからでも、情報に対しては若い人以上の能力を身につけることはできますが、大事なのは、あまりに欲張らないことです。やってくる情報をすべて覚えようなどと思ったら、痛い目にあいます。

いまの50代は、若い人に比べるとずいぶん真面目です。勉強でも仕事でも、完全にマスターしようと努力してきました。それは賞賛されるべきことですが、50代から先は、若いころのようにはいかないのも事実です。

50歳を過ぎると、自分に興味のないことはなかなか覚えられなくなることが、医学的にも証明されているようです。たんなる暗記能力だけなら、若い人に勝てっこないのです。それなのに、若いころのように何でも情報を覚えるというのは、土台無理な話なのです。そんな無理なことに努力するのは、楽しく過ごせるはずの50代を、苦痛な時代に変えてしまいかねません。

50歳からは選択の時代がはじまると、私は口を酸《す》っぱくしてお話ししてきましたが、情報についても同じです。おびただしい情報の中、自分に不要と思える情報はどんどん捨てましょう。そして、これからの自分に必要な情報だけを、大事にとっておくのです。

たとえば、老後資金に余裕があるなら、もう株の情報や不動産の情報をあくせく収集する必要はないのです。若い人とのつきあいにあまり興味がないのなら、芸能や風俗の情報はさして要らないでしょう。コンピューター関連には興味がないなら、わざわざコンピューター関連の本など読むことはありません。

要らない情報は、さっさと右から左に流してしまえばいいのです。

こうして余分な情報を捨てたら、自分の興味ある情報だけに向かうのです。興味あるジャンルに関しては、歳をとっても吸収する力があります。情報を収集していても楽しいのですから、吸収する努力だって苦労と感じなくなります。

　こうして興味のあるジャンルについて究めていけば、そのジャンルでは誰もが話を聞きにくるくらい能力を持てるようにもなれるのです。

　考えてみれば、記憶力の旺盛な若いころでも、何でもかんでも覚えるというのは、よほどの人でないと不可能です。オールマイティに覚えていても、その情報能力はあまり役に立たないということもあります。

　最近はビジネスの世界でも、一つのことにとりわけ通じたスペシャリストが求められているようですが、これもまた、すべての情報に通じる必要がない一つの証拠ではないでしょうか。

習慣11 メモが頭の整理をしてくれる

●頭の中の引き出しを増やすには

歳をとると、どんなに集中したつもりでも、大事な話を聞き逃してしまうことがあります。あるいは、人の名前をど忘れしたりもします。私自身、最近はよく人の名前を忘れたりするのですが、そんな記憶力対策に有効な方法があります。

それは、何でもかんでもメモにとることです。そして覚える必要があるものについては、ノートに何度も書いていくのです。こうしておけば、いざというときにメモの内容が頭に浮かんできます。

実際、私自身、よくメモをとっています。たとえば、テレビを見ているときも、肝心な数字だと思ったら、これをメモしておきます。

とりわけ私が熱心にメモしていることはというと、テレビ番組の中のちょっとしたお笑いです。ショートショートのようなものやギャグのようなもので、思わず吹き出してしまったようなときは、かならずメモします。

あるいは、週刊誌などを読んでいるときも、絶妙の笑わせ方だなと思ったら、これをすぐにメモします。

じつは、これは私の仕事柄必要なメモなのです。私はこのメモを新幹線などに乗って暇なときに何度も見返します。これが、講演会での話のネタにもなるわけです。

講演会では、聴衆を引きつける話が必要ですが、そのときお笑いネタはおおいに役立ちます。このお笑いネタをうまく組み込めば、カタい話も柔らかく聞いてもらうことができるのです。

また数字の場合、諳《そら》んじて人前でしゃべると、「あの人はすごい記憶力だ」と感心してもらえます。もちろんこうしたタネ明かしがあるわけですが、歳をとったなりに私も努力しているのです。

メモのネタ元は、テレビや雑誌ばかりではありません。友人や家族との何げない会話の中にも、メモに残したい話は落ちているはずです。私など、寄席を聞きに行ったときなども、メモをとることにしています。

ときどき場末の寄席に行くと、これが本当にガラガラです。そんな何人もいないお客の前に、噺家《はなしか》が出てきます。噺家が何をしゃべるかというと、「本日はどうもありがとうございます。お客様に来ていただいて、それで私どもはおまんまを食べられるんです。ホントにありがとうございます」とまず切り出します。

つづいて「それにしても、この入りじゃあね、今日はロクなものが食えないな」と落とすと、客席からドッと笑い声が出てきます。

こういう話のもっていき方、間の取り方というのは、私など人前で話すことの多い者には非常に勉強になります。そこで、そのもっていき方とか、間の取り方でおもしろいと思ったことをメモにしておくわけです。

そして、後日、人前で話すとき、このメモにあったことを話してみせます。すると、たいていウケるのですが、それだけではありません。

「この人は冗談を言って笑わせているけれども、どうしてなかなか勉強している」といった感心もしてもらえます。そうなれば、尊敬も受け、あちこちに招かれます。これならさみしさも感じなければ、ボケることもないでしょう。

私は枕元にもメモ帳を置いています。そしておもしろい夢を見たら、忘れないうちに書き留めておくのです。これは、あとでやろうとしても、忘れてしまってできるものではありません。

こうやってメモを増やしていくと、これは自分の中の引き出しを増やすことになります。情報化時代にあっても、これで十分に対応できるのです。

さらに言えば、このメモを熱心にとることによって、まわりにもあれこれ注意を払い、好奇心をたくましくもできます。これは頭への刺激となり、ますますボケとは無縁の生活でいられるのです。

メモを最大限に活かすテクニック

頭のかっこうの栄養剤ともいえるこのメモですが、以前こんなことを書き残しました。作家の井上ひさしさんが山形県の川西町に13万冊の蔵書を寄付して、川西町はこれをきっかけに立派な図書館を建てました。

この図書館の名前は井上さんの癖をもじって「遅筆堂」文庫とつけられたのですが、私はこの遅筆堂を訪れたとき、色紙が飾ってあるのに目を止めました。

そこには、「むずかしいことをやさしく　やさしいことをふかく　ふかいことをゆかいに　ゆかいなことをまじめに書くこと」という内容が書かれていたのです。いい言葉だと思った私は、これも早速メモにとりました。

私はテレビ局とも仕事上のつきあいがありますが、この言葉はそこに活かせると思ったからです。井上さんが本を書くときのポイントと考えたこの言葉は、じつはテレビ番組づくりのポイントでもあったのです。

こうしたメモを人前で話すときに、印象を強くする効果的なポイントを知っておくといいでしょう。メモの内容に結びつけて、自分の知っている話をいくつかちりばめておくのです。このテクニックで、話にずいぶん深みが生まれます。

これは、何もむずかしいことではありません。これまで50年以上にわたって人生経験を積み、知識を備えてきたのですから、その中から関係ありそうな話を選んで結びつければいいのです。

たとえば、メモに残しておいた井上ひさしさんの言葉についてしゃべる場合なら、井上さんの人となりやその小説のおもしろさ、あるいは歩んでこられた人生などを話せばいいでしょう。

幸いなことに私の場合、井上さんとはおつきあいがあり、井上さんの人柄などは知っています。また、井上さんの作品は少なからず読んでいます。これらのことをメモに結びつけるのです。

井上さんとのつきあいや、その人となりを話すだけで、このメモの言葉は深みを持ちます。そこに井上さんがこんな苦労してきた人生を送ってきたから、こういう言葉が言えるのだといった話を加えれば、人を引きつけることができます。何十年も生きてきて知識と経験を積んだベテランならではのテクニックなのです。

もちろん、これは講演だけに限らず、若い人に何かを話すときなどにも、十分効果的なテクニックなのです。

●今日のメモが、将来思いがけない形で役に立つ

メモをとることの効用は、衰えつつある記憶力をカバーしたり、あるいは自分の話のネタをつくっていくだけではありません。じつは、メモから自分の50代からの生き方も見えてくるのです。

それは、昔のメモをふと見返すことによって、意外な自分の一面が見えてくるからです。昔はこんなことを考えていたのかとか、自分にはこんな可能性も残っているじゃないかとか、いろいろなことが見えてきます。

この発見を自分のこれからに活かせばいい。とりわけ、若いころに残したメモというのは、いい刺激になります。さすがに若いだけあって、考え方に新鮮な部分もあります。もし若いころに何もメモしてこなかったなら、日記を読み返すのでもいいですし、あるいは愛読した本でもいいでしょう。私の場合、日記を書く習慣をもっていませんでしたから、著書がその代わりとなっています。

画家が昔のスケッチを大切にするのも、このメモの効用と同じものを期待してのことでしょう。かつてはどんな感覚で物に向かっていたのか、どんな思いでキャンバスに向かっていたかが、スケッチの中から浮かび上がってきます。

それが、いまの自分にとって刺激剤となり、新たな意欲もわいてこようというものです。

50歳を過ぎて、いまさらメモなんて面倒だという人もいるかもしれませんが、まだこれから60代、70代、80代と長い人生を生きていく身です。50代で残したメモが、どこかで役立つ可能性は大きいのです。

習慣12 未開発の思考回路を刺激しよう

●得意料理を三つくらい持っておこう

50代から頭をシャープにさせるのにいいのが、料理です。50代になったら、得意料理を三つくらいもっておくといいでしょう。いまの50代なら、それくらいは簡単なはずです。いまの50代の若いころは、日本の高度経済成長期にあり、家庭にそれまでにない便利な炊事道具がたくさんはいってきた時代と重なります。

加えて、いまの50代には、若いころ下宿で独り暮らしをした地方出身者も少なくありません。その昔、下宿の食事というと、大家さんがつくってくれたものでしたが、いまどきの50代の若いころから様子が違ってきていました。アパートの部屋にガスコンロや水道が用意されていた時代で、一人で炊事をする若者も多かったと聞きます。

いまの50代にはもともと料理経験のある人が少なくないのですから、男が料理をすることに抵抗はあまりないでしょう。

ならば、男もどんどん料理をつくればいいのです。休日には、奥さんを休ませて、自分で料理してもいいくらいです。

料理が頭にいいのには、いくつかの理由があります。

一つは、ふだん使っていない思考回路を刺激できるからです。サラリーマンがふだんよく使うのは、仕事用の思考回路や、さぼり方を考える思考回路などです。それは、料理をするときの思考回路とはまったく違います。料理をすれば、頭の中でもふだん使っていない部分が刺激され、頭がより働くようになるのです。

また、料理をしていると、並行していくつもの作業をすることが多々あります。火加減を調節しながら味見をしたり、肉の焼き加減を見ながら、ソースを入れたりといった具合に。頭は複数の作業を同時に処理することを求められますから、フル回転します。これで、頭にこびりついていたサビのようなものも落ちていくのです。

加えて、料理は段取り勝負です。まず出汁《だし》をとる鍋に火をいれ、その間に野菜を切って、まだ時間があるなら肉に下味をつけて、と順番を考えていきます。いかに段取りよく料理するか考えることは、これまたいい頭のトレーニングです。

料理は、ともするとマンネリ化します。最初はあれこれメニューを思いついても、そのうちマンネリ化してくるものです。そこは仕事と同じですが、料理のほうがマンネリ打破に動きやすいのです。

料理後の「食べる」という生理行為が、マンネリを嫌うからです。料理がマンネリ化に陥りはじめると、なんとか打ち破ろうという気になりやすいのです。

毎日、楽しくおいしく食べようとするほど、その考えは強くなります。味付けを醤油風味から赤味噌風味に変えてみようとか、まだ食べたことのない魚を使ってみようか、白菜の代わりにキャベツを使ったらどうだろうか、などとあれこれ考えます。こうしたマンネリ打破の思考もまた、頭にいいのです。

料理好きというと、イタリアの作曲家ロッシーニがいます。ロッシーニは44歳で作曲稼業を引退、このあと料理を楽しむ生活を送っています。

63歳のときに、料理好きが高じて、パリにレストランを出店しているほどで、いまでも「ロッシーニ風」と名付けられた料理が残っています。当時の天才料理人といわれた人物も、ロッシーニの料理を絶賛しているといいます。

ロッシーニというと、オペラ『セヴィリヤの理髪師』くらいしか知らない人も多いかもしれませんが、同時代にはベートーヴェンをしのぐ人気があったといいます。

フランスの文豪・スタンダールは、彼の登場を評して「ナポレオンは死んだが、別の男が現れた」と言っているほどで、近年、再評価されていると聞きます。どうやら軽妙洒脱でじつに頭のキレる人物だったらしく、頭の回転の秘密は料理にあったのかもしれません。

●魚を一尾まるごと買って食べる効用

料理は頭を若返らせるのにいいのですが、とくにおすすめなのが、魚の料理です。魚一尾をまるごと買って、料理するのです。

現在、スーパーやデパートで売っている魚の多くは、切り身です。切り身どころか、すでに刺し身状態になっている魚もあります。無駄がなく、台所も汚れませんから、これはこれで便利なのですが、頭にいいとは言えません。

というのも、自分で考える部分が少なくなってしまっているからです。切り身になっていれば、焼き魚程度しか考えなくなります。

魚には、生、焼く、煮る、蒸す、天ぷらにする、吸い物にする、たたきにする、鍋物にするといった、さまざまな食べ方があります。料理法の選択肢は本来、たくさんあるのに、切り身を買って帰ったのでは、選択肢が少なくなってしまうのです。

魚を一尾まるごと買って帰ったら、どうでしょう。一部は刺し身、切り身にした一部は焼いて、残った切り身は粕漬けにしておく。あとの残りはぶつぎりにして煮てしまおうかといったアイデアが生まれます。その魚をどう料理するか、あれこれ頭を働かせていると、自然と頭が冴えていくのです。

魚のいいところは、捨てるものがほとんどないまでに料理できることです。頭や骨だって、料理しようと思えばいくらでもできます。魚一尾、徹底的に使い切ることを考えることは、頭の体操になるのです。

また、魚の料理にはそれなりに技術を要しますし、魚の種類によっても力の入れ方が違ってきます。三枚におろすとき、最初は骨に身がけっこう残っていることも少なくありませんが、やっているうちにうまくなります。力の入れ加減やコツがわかってきた証拠で、こうした学習はふだん使わない思考回路に刺激を与えています。

さらに、上手になれば「やればできるものだ」という達成感を得られます。達成感はやる気のもとになり、料理だけでなく仕事のやる気にさえつながるのです。

●掃除をすれば決断力がアップする

料理とともに50代からおおいにやってみたいのが、掃除です。ふだんは、奥さん任せにしているなら、なおのことやってみるといいでしょう。オフィスでも、大きな会社なら掃除は業者任せです。ふだん掃除をする機会のない人ほど、やってみるといいのです。

というのも、掃除をする思考回路は、仕事をこなす思考回路とは別だからです。片づけたり、ふいたり、掃いたりするだけでなく、散らばっているモノを必要か不要か判断せねばなりません。

部屋の隅に置いてあるモノを押し入れにしまったものか、それとも2階の自室に持っていこうか、そんな判断も迫られます。次から次へと考えることがあり、頭に対していい刺激になります。

さらに、掃除をすれば、かならず達成感が得られます。仕事で達成感を得ようと思うと、かなり頑張らなければならないことも少なくないのですが、掃除となると、そこまでのことはありません。ちょっとした労力で、部屋がピカピカになれば、達成感を得られます。

達成感を得られると、人はたいてい気分がよくなります。やる気もわいてきますから、いろいろなことに挑戦できるようにもなります。

もっとも簡単で効果のある掃除は、トイレ掃除です。トイレ掃除は嫌がる人も多いのですが、さほど時間はかかりません。ちょっとした時間で達成感を得やすく、そのあと気分がよくなりやすいのです。

ときには、大掃除をするのもいいでしょう。大掃除がいいのは、「捨てる」ことを真っ正面から考えられるところにあります。古い雑誌や書籍、文房具にはじまって、使わなくなった電気製品、小道具など、「捨てる」候補は数多くあります。なかには、捨てる決心がつかない人も多いのですが、捨てることを考えること自体が、頭に刺激となります。

考えてみれば、50代からの人生は何かを捨てていく人生です。自分の人生で何を残し、何を捨てていくか、選択しなければなりません。大掃除の時間は、その選択の時間でもあります。

自分の人生を考えて、これはまだ必要と考えれば残せばいいでしょう。あるいは、もう要らないと判断すれば、捨てていくことです。

☆アタマの柔軟発想のコツ　Part2

最近は住宅事情も多少よくなってきたとはいえ、日本の家はよく外国人から「ウサギ小屋」などとからかわれます。日本人はこの一言に地団駄《じだんだ》踏んで悔しがっていますが、こんな切り返しもできます。

ギリシャの大哲学者ソクラテスが家を建てたときのことです。このソクラテスの家、予算が足りなかったのか、大哲学者の家としてはひどく小さなものでした。この家を訪れたソクラテスの知人は、早速ソクラテスをからかいます。

「なぜ、こんな小さな家を建てたの」

さて、あなたなら何と答えるのでしょうか。ソクラテスの答えは、こうです。

「せめてこの小さな家がいっぱいになるくらいの、立派な友人が欲しいと思ってね」

小さな自宅を逆手にとって、家よりも友情が大事なことを諭してみせたのです。

第3章

やわらかアタマを取り戻す“ムダ”を楽しむ習慣

習慣13　ムダを受け入れる余裕を持つ

●人間の幅は〝ムダ〟によって生まれる

50代の仕事はおもろしく、どうしても仕事一辺倒になりがちです。仕事からいかにムリ、ムダ、ムラを省くか、ことさらに懸命になります。しかし、これが高じると、やがて50代の首を締め、失速させる原因になりかねないのです。

仕事一辺倒の生活には、どうしても「遊び」が少なくなりがちです。遊びが少ないと、頭はカタくならざるをえません。

クルマのハンドルやブレーキにも、遊びの機能があります。もしハンドルやブレーキに遊びがなかったら、運転がギクシャクしたものになり、事故のもとにもなります。50歳からの人生もこれと同じで、遊びがないことには、人生の運転を誤ります。

逆にいえば、遊び心があれば、50代でアタマが失速してしまうことはありません。遊びの部分があれば、アタマはつねに柔軟でいられるのですが、遊び心を持つとは要はムダを受け入れることだと思います。

ムダを寛大に受け入れ、楽しむくらいになるといいのです。仕事ではムダを排除しなければならない一方、人生ではムダを受け入れて楽しむのです。矛盾しているようですが、この矛盾を両立させるだけの能力を持っているのが50代なのです。

人生のムダには、いろいろなものがあります。たとえば、町内会の世話係は、50代には時間のムダに思えるでしょう。趣味も、忙しい50代には仕事の邪魔であり、ムダと排除すべきものかもしれません。

そのムダにつきあうことで、人間に幅が生まれるのです。視野が広くなり、いろいろな見方もできるようになります。それが頭を柔らかくもしてくれるのです。

そのうち、ムダと思えたことが、人生の財産になることもあります。たとえば、病院生活を送ってきた人なら、そこで医療の現場を見ることもあるでしょう。病院生活を送っていた時代、ムダな時間を過ごしたと思っていても、何年もして、そのときの経験が役立つことがあります。

自分の家族が入院したとき、あるいは医療関係者と仕事をすることになったときなど、いろいろな機会があるはずです。かつて病院生活を送った体験が、けっしてムダではなかったと知るでしょう。

もちろん、仕事の場では、ムダはそう簡単に受け入れないかもしれません。けれども、遊び心を持っているなら、柔らかな頭を駆使して、若い人に負けないくらい仕事もできるはずです。万一ものわかりの悪い会社にクビにされたところで、ムダを知り、遊び心があるなら、あたふたすることもないのです。

頭がカタくなってしまっていると、自分の人生に一つの会社しか考えられないかもしれませんが、柔らかい頭を持ちつづけているのなら、選択肢をいくつも持つことができます。少しくらいたいへんな事態にも対応できるのです。その意味で、リストラ時代のいまだからこそ、なおさら遊び心を持ちたいものです。

この柔らかな頭の人間について、私はかつて「ミラーボール人間」などと言ったこともあります。ミラーボールが光の当て方によっていろいろな光を放つように、柔らかな頭の人はいろいろな側面をもっています。ゆとりがあるぶん、ものの見方が多様になり、それが魅力的な光彩を放つのです。

ふだん真面目な人が、ときとしてキテレツなギャグを放ったり、隠し芸をもっていたりすると、これは人気者となります。もちろん、そのための魅力づくりに努力しているわけですから、なかなか頭が老け込まないのです。

●頭のカタさはこんなところで出てしまう

遊び心を持ち、頭の柔らかい人はなかなか老け込んだりしないのですが、問題は多くの50代が、自分の意外なくらいの頭のカタさに気づいていないことです。すでにカタくなっているのに、自分の頭は柔らかいとか、十分対応できると人間は思いがちなのです。

けれども、頭のカタさはすぐ外に出ます。たとえば、私がある講演会でしゃべることになっていたときです。この講演会、折悪しく台風の襲来と重なり、聴衆もまばらなものになってしまいました。

それは天災ですからしかたないのですが、主催者が開会のあいさつをしたときには、私も少し唖然としました。なんと、

「本日はかくもにぎにぎしく……」

という決まり文句からあいさつをはじめたのです。私だけでなく、わざわざ台風の中、

聞きにきた人も、これには少し間の抜けたものを感じたことでしょう。

たしかに主催者は徹夜でこのあいさつを考えたかもしれませんし、あるいは私のことを少し慮《おもんぱか》ってくれてのことかもしれませんが、これではカタい頭丸出しです。ここで頭が柔らかい人なら、

「本日はかくもにぎにぎしく……と、せっかく徹夜までして用意したあいさつ文が、台風のおかげでムダになってしまいました」

などと、ユーモアで切り返すでしょう。

こんなユーモアの切り返しができるのは、遊び心を持っているおかげであり、この遊び心を持つには、少し物事を別の角度から見るトレーニングをしてみるといいでしょう。物事をやや斜めから見たり、あるいはうしろから見たりするのです。ときには、ニュースにツッコミを入れてみてもおもしろいかもしれません。

すると、これまで見えてこなかったはずのものが見えてきて、問題意識も芽生えてきます。これが頭の刺激になります。

習慣14　身の回りをちょっと観察してみる

●流行に目を向けてみると意外な気づきが

人間、歳をとってくると、つい歳相応のことを考えがちです。若いころに通っていた定食屋や居酒屋にはとんと足が向かなくなり、そば屋や、ちょっと気のきいた日本料理屋に腰を落ち着けようとしてしまいます。

それればかりでなく、ガヤガヤとした街中を嫌って、静かな田舎でのんびりと過ごそうなどと考えます。読む本一つとっても、若いころのように刺激の多いものから、じっくり読ませてくれるものを求めたりもします。

たしかにそれはけっこうなことですが、それればかりでは頭をカタくしていくことになるでしょう。頭への刺激がワンパターンになってしまい、これでは思考法までがお決まりのものになってしまうからです。

つねに頭を柔らかく保とうと思ったら、ここはひとつ、若者と同じ行動パターンをとってみるのもいいでしょう。

たとえば、若者向けの店に顔をのぞかせてみるのです。それは、ファストフードの店でも、安い居酒屋でもかまいません。そこに身を置くことで、ふだんは見ることのなかったものを見ることができるはずです。

「なぜ、こんな安い値段で提供できるのだろう」とか「なぜ、若者は接客用マニュアル言葉を好んで使うのだろうか」とか、ちょっとした驚きがあります。この驚きが、頭の刺激になってくるのです。

あるいは、「なぜこんなドラッグストアに若い女のコが集まるのだろうか」とか疑問だって感じるでしょう。これまた、頭にいい刺激となります。

そういえば、井深大さんとともにソニーの創業者であった盛田昭夫さんも、自分の誕生パーティには、若者向けの店などを使われたといいます。

東京湾岸に若者に人気のディスコができたら、そこで誕生パーティを行なうといった具合に、つねに若者のいる場所にアンテナを張っておられたようです。

もちろん、それは仕事上、若者の感性をつかんでおきたいこともあったでしょうが、それとともに、自分の頭をつねに柔らかく保とうとされていたのでしょう。

歳をとってくると、人生経験が豊富になったこともあって、若者のように少々のことでは驚かなくなります。「ふん、世の中こんなもの」と思ってしまったら、ますます刺激がはいってこなくなり、頭をカタくしてしまうのです。

それを打ち破るのに、若者が集まるような場所に行くのは効果的なのです。旅行に行くにも、いつもの定番の温泉でなく、たまには若者向けのリゾートに顔をのぞかせるのもいいでしょう。

さらには、年配者の住む場所に対する考え方が逆だと思います。たとえば、老人ホームというのは、ひっそりとした田舎に建てられているのですが、私に言わせれば、これはお年寄りをさらにボケさせるようなものです。

なるほど田舎は静かかもしれませんが、何の刺激もありません。刺激がないことには、頭はますますボケていくばかりです。老人ホームを建てるなら、田舎よりも何かと刺激の多い都会のほうが、お年寄りの頭をイキイキと保つにはいいのではないでしょうか。

べつに老人ホームに住まなくても、同じことが言えます。隠居したつもりになって田舎にひっそり暮らすよりも、都会に身を置いたほうが頭のためにはいいのです。

●ちょっとの観察で頭はどんどん回り出す

自分の頭に刺激を送りつづけようと思ったとき、なかには、世の中にそうそう変わったことが起こるわけではなし、うまいようにはいかないと言う人もいるでしょう。

けれども、毎日見るものでもちょっと気をつけてみれば、変化が起きていることを発見するはずです。その変化の発見こそが、刺激となるのです。

それは、たとえばときどき行くレストランでもかまいません。いつもと同じメニューだと思われるかもしれませんが、ちょっとまわりを観察してみることです。

このあいだまでは皆がスパゲティを食べていたのに、いまはカレーを食べている人が多くなったとか、最近はカップルが多くなったとか発見があるはずです。

そこから、「ははん、コックさんが変わったのか」とか「どうも、不況で誰も食べ物にお金を使わなくなってきたらしい」とか、考えを広げていくこともできます。これは、十分な頭のトレーニングになります。

私自身、こうしたちょっとした変化にいつも目をやるようにしています。かつて名古屋に出かけてホテルに一泊したときも、「おや」と思うことがありました。

ちょっと表に出かけて宿泊しているホテルの窓を見ると、ほとんどの部屋から灯が漏れています。どうやら今日は満室のようで、不況のあおりを食う名古屋のホテルでは健闘しているではないかと思いました。

そこでフロントの人に「あなたのところは満室だね」と声をかけたところ、こんな返事が返ってきました。

「いやいや今日だけです。じつは今夜はバレーボールの選手が泊まっていて満室になっているのですが、いつもはなかなかそうはいきません」

なるほどと思って部屋に戻ろうとエレベーターに乗ると、たしかに大柄な女性たちと乗り合わせました。

今夜の名古屋はバレー選手権で盛り上がっていたのかと悟ったしだいですが、このようにちょっとしたきっかけをつかんでリサーチをしていけば、ずいぶんと発見があるものです。

かつて新幹線にあった食堂車は、私のかっこうの観察の場でした。友人と連れ立って食堂車にはいったら、このメニューの中で一番早く売り切れるのは何かなどと、話を交わしたものです。

そこから、最近、日本人の食べ物の嗜好《しこう》が変わったとか、あるいは季節によってよく売れるメニューはどう変わるかなど、発見があったものです。

いまなら、新幹線の食堂車ではなく、ファミリー・レストランが観察の場でしょう。ファミリー・レストランで客を観察、会話に耳をすませて、いまどきの若者、中高年の考えをリサーチするビジネス関係者、芸能関係者は少なくないようです。

客の観察だけではありません。長い目で見ていると、ファミリー・レストランのメニューにも変化が起きています。変化を発見できれば、「なぜ、○○だろう」という疑問がわき、頭の刺激になります。

戦後を代表する評論家であった大宅壮一さんも、独特の観察眼で街を歩き、頭を刺激していたようです。大宅さんに言わせれば、旅行に出かけたとき、なるべくホテルで食事をしないことが頭の刺激にはいいそうです。

ホテルで食事をしないとなると、その辺を歩いておいしそうな食堂を探すことになります。そうして30分程度あちこちを歩くことは、自然と観察眼を鋭くし、頭を回転させることにつながるというのです。

この大宅さんは、弟子にこんなことも言っています。初めて訪れた街では、まず繁華街で道行く人やクルマ、商品を観察し、そのあと裏通りで洗濯物を見なさいというのです。洗濯物を見れば、庶民の生活の豊かさがどの程度か、たいていわかるという理由です。

あるいは、いまなら地方でのコンビニエンスストアの浸透に注目してみるのもおもしろいでしょう。どこに行っても目にするコンビニエンスストアですが、日本列島のどこかには、あまり流行っていないところがあるかもしれません。もしあなたが訪れた町がそうだったなら、その理由を考えてみるのも頭の体操になるでしょう。

このように世の中には、じつは変化がゴロゴロしていて、私たちはそれになかなか気づかないだけなのです。そこで、ちょっとまわりを見まわしてみることです。いままで気にもとめなかった風景からも、新しい情報がはいってきて、これが頭への刺激となるのです。

大げさな言い方をするなら、日常生活に何か問題意識を持ち込むということなのですが、別にそこまでたいそうに考える必要もありません。

ただ日常生活の中で、何か変化はないか、あるいは法則性はないかと見ていくことが、50歳からはさらに求められるのです。

習慣15　無趣味な老後を迎えないために

おもしろいと思ったことから手をつけよう

最近は「50の手習い」とか「60の手習い」とかで、定年を間近に控えたようなサラリーマンが、よくカルチャーセンターに通っています。

おそらくは、定年後の生き甲斐を求めてのことでしょう。それはそれでけっこうなことですが、あまりしゃちほこばると、かえって逆効果になるかもしれません。

たとえば、無理にでも自分を高めようと、英会話教室に通う。あるいは、人からいいと言われて、俳句教室に通う。それで自分が楽しいのなら何の問題もありませんが、楽しくないというのなら考えものです。

仕事でしかたなくするならまだしも、50歳からの人生でおもしろくもないのにキリキリ努力するというのは、人生をムダ遣いしているようなものです。そんなおもしろくもないことをつづけていても、いい刺激がなく、頭をカタくするばかりです。

第一、「好きこそものの上手なれ」という言葉があるように、おもしろくもない、興味もないことが上達するのはあまりない話です。それに、長つづきもしません。

そんな失敗をいつまでもつづけていると、なにもかもが中途半端になり、貴重な50歳からの人生をムダに過ごすことにもなります。

50歳から何かをはじめようと思ったら、おもしろいと思ったことから手をつけてみればいいのです。教養のためとか、自分を磨くためとか、あまりむずかしいことは考える必要はありません。植物がおもしろいと思ったなら、そこからはじめればいいし、何でもかまわないのです。

一つひとつそのジャンルの階段を上るのは、楽しみながら十分できます。その道で多少専門的な知識を持つ人を見つけて、話を聞く。あるいは、ちょっと専門的な本を読んだりして、深く入っていけばいいのです。それは、私がいつも申しているように「針の穴から入ったら千畳敷」です。

つまりは、そのジャンルの小さな部分から入ってみても、あれこれ好奇心をそそられる事柄が、山積み状態になっていることが見えてくるのです。

これは、私自身、カメラに興味をもちはじめたときにも体験しています。カメラをはじめてみると、いろいろうまくいかないことや「なぜ、こうなってしまうのだろう」と思えることがあれこれ出てきます。それをほうっておけず、あれこれ調べていくと、ますますカメラがおもしろくなり、上達もしていくのです。

先日、学生が大勢集まってパーティを開いたあとの話です。彼らはそのパーティのときの写真を私にも送ってくれたのですが、この写真があまりうまく撮れていないのです。光がまったく足りなかったり、あるいは逆光になっていたりしているのです。

せっかく写真を撮るのですから、なぜこんなにうまく写らないのか考えてみればいいのに、彼ら学生はあまりこれに興味がないようです。

一方、私はといえば、これはほうっておけません。「いったいカメラというのは、どういう仕組みになっているのだ」と、カメラの専門書をめくることになります。すると、昼間でも逆光だったら、ストロボをたいたほうがきれいに写ることがわかってきます。

あるいは、夜のパーティでストロボをたいたところで、まわりが真っ暗になってその人しか写らないという問題についても、解決策が出てきます。シャッタースピードが30分の一秒くらいのところで同調するような仕掛けがついているカメラでないと、まわりの光景までできれいに写すことができないとわかれば、カメラを選んで買うようにもなります。

こんな調子で、私のカメラへの興味はどんどん深まっていきます。構図の問題一つをとっても、あれこれ考えるようになります。

たとえば、人間を撮るとき、足のスネで切ったら、なんとも不安定な印象の写真になります。そこで、一歩下がって全身を写すか、もしくはちょっと前に出てバストから撮るとか、考えるようになります。

また、人間が右を向いたときは、その視線の方向を広くしたほうが安定したものになる、といったこともわかってきます。

さらには、被写体とバックの調和についても、たとえば花は背景が暗いアングルを選ぶと引き立つなど、あれこれ考えていくと、世界はますます広がってきます。樹木のうっそうとした部分を写真に入れると、全体はどういう印象になるかなどと考えていくうちに、絵画もおもしろいなと思えてきます。

そこで、自分の興味のある世界は広がるわけで、このようにして自分の領域を広げていけばいいのです。

50の手習いは、まずは自分の興味のあることからはじめることなのです。

最後に、語学をはじめるときのコツもお話ししておきましょう。これは、別に語学教室に通わなくともできます。テレビやラジオの語学講座で十分です。

まず、一年目はテレビの講座を見たり、聞いたりして、なんとなくその言語の雰囲気をつかんでいきます。そして、二年目にラジオを使って、こまかいところまで学んでいけばいいのです。

この「テレビ→ラジオ」という勉強法がいいのは、まずテレビが暗示性の強い陶酔《とうすい》型のメディアだからです。

テレビを見ているうちに、視覚も聴覚も、知らず知らずとテレビに没入するようになります。そこで潜在的な語学能力が身につき、さらにはわかったような気にもなります。

こうして下地をつくったところに、聴覚を研ぎ澄ませるラジオを使えば、語学が理論的にも身につくようになります。

一つの趣味を究めて見えてくるもの

学者や芸人を評するとき、専門バカなどと、ときどき陰口が言われます。自分の専門領域以外には何の関心もなく、自分の専門しか知識がないことを皮肉ったものですが、実際はそうでもないようです。

何でもいいからその道を究めたような人は、ほかにもこれはすごいと思わせる趣味を持っていることが少なくないのです。

たとえば、本田宗一郎さんとともにホンダを立ち上げた藤沢武夫さんの場合です。本田宗一郎さんがホンダの技術を支えた人物であったのに対して、藤沢さんは経営の柱でした。

彼は40代半ば過ぎから「経営はアートだ」と言うようになり、音楽や芸事に熱中するようになりました。本田宗一郎さんが休むことなく働いている一方で、彼はドイツにまで出向いてオペラを聞くようになったといいます。

ほかに、常磐津《ときわず》もはじめたといいます。常磐津は邦楽の中でももっともむずかしいとされますが、師匠について稽古に励んだ結果、名取《なとり》にまでなっています。40代で芸事や音楽、美術に夢中になった藤沢さんは、60代で引退してのちも、音楽や美術に傾倒し、その批評力は玄人レベルだったといいます。

藤沢さんが芸術に興味を持ったのは、それを経営に活かそうとしての意図からだったようですが、実際、活かされたと思います。

彼の50代以降の人生は、柔軟性にあふれていました。名経営者といわれた人たちは引退を嫌がり、そのため晩節を汚すことが少なくないのですが、藤沢さんは本田さんとともにさっさと引退してしまいました。その引き際の鮮やかさは、当時の人をびっくりさせ、伝説にさえなったものです。

藤沢さんは芸術という一点突破主義で、もう一つの人生をつくっていったのですが、これは誰でも可能なことです。どうせ何かをはじめるなら、プロとは言わないまでも、その道のセミプロ級を目指すといいでしょう。

この一点突破主義ともいえるやり方は、結果的に自分に自信を与え、興味の幅を広げていくことになるからです。

このことは、すでに幼児教育の現場でも実証ずみです。鈴木鎮一《しんいち》さんといえば、バイオリンの早期教育法の考案者として有名です。

この鈴木メソッドといわれる教育法は、とにかく子どもに対して、バイオリンに関しては、どの子にも負けないくらいに集中して教えます。

これは、その子をのちのち音楽家にする英才教育ではありません。子どもに、バイオリンでは自分が一番なのだという自信を与えるのです。その自信がバイオリンのみならず、ほかのことに波及していき、苦手だった勉強などにも興味を持って集中できるようになるわけです。

子どもにかぎらず、これは50歳を過ぎるような大人でも同じです。一つのことに自信を持つと、それが広がって、いろいろなジャンルに関心を持ち、集中できるようになります。

また、一つのことにセミプロくらいになるまで熱中していくと、知らず知らずのうちにそのレベルは高度なものになっていきます。

はじめのころはわからなかった深く高度なものまでが見えるようになれば、これはじつに楽しいものです。「あの人はすごいねえ」と他人もびっくりしてくれますから、悪い気はしないでしょう。

この一点突破主義をめざすジャンルですが、もちろん自分がおもしろいと感じるジャンルでないことには何の意味もありません。それとともに、誰もがあまりめざさないジャンルを探し、挑戦していくといいでしょう。

その道の上手と言われる人が多いジャンルでは、上を見るとなかなかキリがないものです。ちょっとやそっと頑張ったところで、なかなか「上手」とは呼ばれにくいものです。

それよりも、ちょっと変わったジャンルや、すいたところをねらえば、比較的簡単に一芸に秀《ひい》でることができます。効率のよい50歳からの人生を考えるなら、ねらいを隙間的なジャンルに絞るのもいいかもしれません。

●自分に合った趣味は、過去の自分が教えてくれる

シュリーマンといえば、その生涯をトロイの遺跡の発掘に賭け、ついには掘り当てた人物です。このトロイの遺跡、当時は神話の世界の話というのが通説でしたが、シュリーマンは違いました。トロイの遺跡を実際の歴史の産物と考え、一生のテーマとしたのです。シュリーマンがこうして一生の楽しみを探すことができたのは、子どものころ愛読したギリシャの古典であるホメロスの本が、頭にあったからといわれます。

人間だけでなく神々までが活躍するホメロスの世界では、トロイの城の攻防戦がヤマ場となります。大人になったシュリーマンは、トロイが実在するものと考え、発掘人生を送ったのです。

幸いトロイの遺跡はシュリーマンの手によって発掘されましたが、かりに発掘に成功しなくても、一つのことに熱中できたシュリーマンは満足な人生を送ったように思えます。

このシュリーマンの人生が私たちに教えてくれるのは、これまでたどってきた人生に、これからの楽しみのヒントが隠されているということです。

50歳から人生の楽しみを見つけなさいと急に言われても、なかなか見つからないとボヤく人は少なくありません。たしかにまわりをキョロキョロ見ても、おもしろそうに思えるものはないし、すすめられてチャレンジしたものも自分に合わない、と言うのです。

そんなときに宝の山となるのは、自分の過去です。自分が過去に体験したこと、読んだ本などの中には、じつは自分がおもしろいと思えることが詰まっているのです。

といっても、過去のことなどそうそう思い出せないという人もいるでしょうから、そんな人は自分史を書いてみるといいでしょう。

近ごろひそかに流行っている自分史というのは、自分の子どものころから振り返り、学生時代、社会人時代などのことをあれこれ書きつづるというものです。

この作業をしていくうちに、「ああ、私はこんなことに熱中していたのだ」と思い出したり、子どものころに感じた「なぜ」が突然よみがえったりもします。

あるいは、ある時代のまったく意外な自分を発見したり、自分の意外な可能性を見つけたりもします。その発見を、これからの楽しみに広げていけばいいのです。

あるいは、日記を書いている人なら、日記を読み返すのもいいでしょう。私自身は過去を振り返るのが嫌いなこともあって、日記をつけたことはないのですが、日記は自分史の代わりをしてくれます。

昔の日記を読み返していくと、意外な発見が出てくるものです。それが、新しいこれからの自分を生む材料になるわけです。

また、シュリーマンのように、昔、愛読した本をもう一度読んでみるのも一法でしょう。本を読み進めていくうちに、昔、自分が興味を持っていたことや、疑問に思っていたことが思い出されてもきます。

さらに、新鮮ないまの目で見ることで、新たな発見があったりもします。それらを手掛かりにすれば、自分の興味の持てることが見つかってくるのです。

人間、だてに50年も生きているわけではありません。その50年の歳月には、これから生きていくための材料が詰まっているのであり、その意味で昔を振り返るのもいいのではないでしょうか。

習慣16　50代からの仲間づくり

●仕事外の仲間はこうやってつくる

「三人寄れば文殊の知恵」という言葉がありますが、これは50歳から何かを楽しもうというときにも言える言葉です。

50歳から何かをはじめようというとき、ともすれば自分一人で挑戦しがちです。会社の人間に話すのは恥ずかしいし、それに定年後も会社の同僚たちと交遊関係がつづくかどうかわからない。かといって、ほかに仲間もいないから自分一人ではじめることにもなるようですが、できれば仲間を募りたいものです。

自分一人ではじめたのでは、刺激も少なく、長つづきしにくいのです。何かわからないことができたとき、自分一人で抱えてウンウンとうなっていたのでは、おもしろいはずのことも難儀なものになってしまいます。新しい広がりをつくろうにも、自分一人ではいかんせん限度というものがあります。

一方、仲間を募りワイワイやっていくなら、その楽しさは二倍、三倍にふくらんでいきます。自分がわからないところも、誰かが教えてくれたりもします。

また自分の知らないことも「こんな話があるよ」と耳に入ってきますから、上達も早いのです。挫折しそうなときも、仲間がいれば、なんとかやっていけるのです。

実際、私もいろいろな仲間をつくって楽しんでいます。たとえば、ゴルフを楽しんだその日の夜は、泊り込みで話すという仲間もいれば、大学の教え子たちもあれこれ集まってきます。

また、私は東京アマチュア・マジシャンズクラブというサークルにも所属しています。ここでは若手のメンバーを交えて、皆が喜んで自分の技を披露したりします。さらには、「あれ、ちょっと教えてよ」と言いながら、お互いの技術を学び合う場にもなっています。

それだけではありません。皆で一杯飲んでいると、奇術談義からその他の話題にも移っていきます。尺八の上手なメンバーが尺八を吹いてみせたり、あるいは書道が得意なメンバーは書道の世界でも一芸を披露してくれます。

それはじつに楽しいパーティでもあり、また奇術以外のおもしろさにも目を開かせてもらえる場でもあります。

ほかにも私が参加する健康食品関係のサークルがあり、ここではいろいろな勉強会を催します。このときは、たとえば大学教授だったその道の権威を招いたり、あるいは私が金融や経済の話をします。

ときには、人生についてお互いが考えるような話題を提供するのも、私の役割です。この勉強会では健康体操の竹腰美代子さんをお招きしたりするなどして、ワイワイガヤガヤやったこともあります。

こんな具合に私はおもしろいと感じたら、すぐにサークルにはいったり、あるいは仲間を集めたりしています。それは、他人が思うほど面倒なことでもありません。こちらから友人などに「おもしろいから、やろうじゃないか」と仕掛けていけば、その気になった人物が幹事になってくれたりもするのです。

実際のところ、何かをやりたいのにきっかけがなくて、あきらめている人というのは意外にいるものです。あなたからの「やろう」の一言で、人はけっこう動くのです。そして仲間でワイワイガヤガヤやっているうちに、さらに人が加わり、おもしろさや発見はどんどん増えていくのです。

まずは、自分の趣味をPRしよう

19世紀の作曲家ワーグナーといえば、数々の巨大なオペラを残した人物で、いまなお高い人気があります。このワーグナーの前半生は借金生活の連続であり、彼は自分のつくりたいオペラを実現させることができませんでした。

なにしろ、オペラというのは下手をすれば一国の財政を傾けるほどの金食い虫です。おまけにワーグナーのつくりたいオペラは壮大なものですから、なかなか援助してくれる者は出てきません。

そんな中、ついにワーグナーのパトロンが登場しました。バイエルン国王のルートウィッヒ二世です。

彼はそれこそ、バイエルン王国の財政が傾くほどワーグナーに援助しました。ワーグナーがこうした大物パトロンをつかまえることができたのは、つね日ごろから、自分の未完のオペラをあちこちで宣伝していたからです。その宣伝効果が巡り巡って、一国の王様をキャッチしたのです。

自分をＰＲしておくと、意外な仲間を得られるのはワーグナーにかぎった話ではありません。これから同じ楽しみをもつ仲間をどんどんつくっていきたいなら、自分のやっていることと、やりたいことを自己宣伝しておくのです。

すると、話を聞いた友人から「じつは、俺もやりたかったんだ。教えてくれよ」といった声もかかってきます。

あるいは、話が巡り巡って、思わぬところから仲間が現れるかもしれません。「Ａさんは、じつはスキューバダイビングが趣味らしいよ」といった話は人に記憶されやすく、そういった話は人の口にものぼりやすいのです。

だいたい、仲間がほしいのに一人で黙ったままでいては、仲間をつくろうにもつくりようがないのです。仲間をつくりたかったら、まずは自分のほうから情報を発信していくことです。

いまなら、インターネットで仲間を募るという手もあります。自分がやってみたい趣味についてのサークルをネットで検索してみると、意外なほど多くのサークルが見つかるでしょう。

何かをやってみたいのに、それがなかなか言いだせず、一人で悶々としている人はけっこういます。年配の方というのは、奥ゆかしいというか、あまり自分のことを言いだしたがらない傾向が強いものです。

そんな人でも誰かが言いだせば、仲間に加わったりもします。彼らの中には、ものすごい知識を持っていたり、変わった見方をして人をうならせる人もいるのです。そんな状況だからこそ、自分のほうから情報を発信していけば、「この指止まれ」ではないですが、仲間が集まってくるのです。

自分の趣味をPRすることは、けっして恥ずかしいことではありません。「おや、この人にはこんな一面もあったのか」と評価を受けこそすれ、変な目で見られることはまずありません。まずは、自分の一声からはじまるのです。

習慣17　人をほめれば自分のアタマにも効果がある

●人をほめることは、頭の最高の栄養剤

若いころは女性相手にマメだった人も、歳を重ねてくると、しだいに不精になってきます。昔は何かの記念日にはサッと贈り物でもしたのに、いまは手紙も電話も面倒くさいという人もいるでしょう。

また、いい歳をした大人がちょこちょこ動きまわるのはかっこうが悪い、という向きもあるかもしれませんが、こんな不精な人づきあいでは頭もだんだんとカタくなってしまいます。

じつは、人づきあいをマメにし、ときにはサービスをするというのは、相手を喜ばせるだけではありません。自分の趣味などの守備範囲を広げ、頭を柔軟にしていくことにもなるのです。

人間誰しも、相手に喜んでもらおうと思うと、あれこれ工夫するものです。今度はどんなイベントをしてみようとか、手紙についでにスタンプでも押しておこうとか、あれこれ考えます。そうした工夫が、頭にとってはいいトレーニングになります。

このマメさを発揮する以外に、相手をほめるのもいいでしょう。ほめられた相手は当然、悪い気はせず、お互いのコミュニケーションはいいものとなります。相手もふだんは話さないことだって、しゃべってくれるかもしれません。

さらに、ほめる側というのはけっこう頭を使います。どう言ったら相手にいい気分になってもらえるか、どこをほめればその気になってもらえるのか、あれこれ考えることになります。

NHKドラマのチーフ・ディレクターとして有名だった和田勉さんなど、このほめ上手の典型でした。和田さんは女優さんに演技指導をするとき、徹底的にほめあげたといいます。

「その笑った表情、最高にいいね」といった具合ですが、ほめられた女優さんは当然のことながらいい気分になり、和田さんの指導についていこうとします。一方、和田さんはほめることに全身全霊を尽くしますから、自分にもこれはいい刺激となります。

和田さんがテレビの仕事で成功を収め、つねにエネルギッシュでいられたのは、このほめ上手にも一つの秘密があったのです。

この和田さんほどでなくとも、ほめることなら誰にでもできるでしょう。相手を少しよく観察し、喜んでもらえそうなポイントを見つければいいのです。

ほめるのが恥ずかしくて苦手という人なら、なおさらほめてみるといいでしょう。あなたの意外な一面を相手に見せることになるからです。たとえば、ほめられた部下などは、上司であるあなたの意外な一面を発見し、評価してくれるようにもなります。

●明るいあいさつがいい雰囲気をつくる

ほめ言葉を使って、人をいい気分にさせていくと、自分の気分もウキウキとしてきます。話がはずむと、自然に頭を使っています。頭を回転させているうちに、別の視点でモノを見ることができるなら、アイデアがひらめくこともあります。

そんな楽しくも頭の体操にもなる場づくりの一つのコツが、明るいあいさつです。あいさつは、すべてのはじまりです。あいさつしだいで、その場は大きく変わります。なんだかダルそうに「おはようございます」とあいさつするなら、その場の雰囲気もよどんできます。挽回しようにも、なかなか挽回はききません。

一方、最初に明るくあいさつするなら、すぐにその場がなごみ、楽しくやろうという雰囲気になってきます。

さらにいいのは、少し気のきいたあいさつを考えてみることです。ほめ言葉を交えると、気のきいたあいさつになってきます。「今日は、いつもより一段とキメてますね」「先日のブログ、読みましたよ。あれは、よかった。同感です」などと言えばいいのです。

これには、ちょっと頭を使います。事前にどこをほめようか考えておく必要がありますし、ほめるためのネタを調べておく必要もあります。

準備に多少の手間はとるかもしれませんが、これも頭の体操です。それに気のきいたあいさつで場が盛り上がるなら、ひと手間、ふた手間をかける価値があります。

●教わる立場に身を置くことで活力がわいてくる

ひと昔前に成功を収めた人の自叙伝などを読んでいると、たいがい、いい師匠に巡り合っています。鞄持《かばん》ちのように師匠についていってあれこれ見聞を深め、さらには師匠から話を聞く。そんな日々を繰り返していくうちに、いつしか感性が磨かれていくというものです。

たとえば骨董《こっとう》の目利きなどがその典型で、我流ではどうしても限界があります。一方、その道を究めたような人についていけば、なかなか普通ではわからないところまで指南してもらえます。骨董関係の人には気むずかしい方も多いのですが、得られるところも大きいから、ついていく人が少なくないのです。

自分の世界をさらに深めていきたいと思ったら、その道の一流の人から話を聞けるような環境をつくっていくといいでしょう。その人のもっている最高のものをうまく引き出せたなら、これは大きな財産にもなります。

もちろん、これは「話してください」とお願いして、すぐに話してもらえるものではありません。

なかにはもったいぶる人もいますし、興が乗らないとあまり話したくないという人もいます。そんな人からいい話を引き出すには、それなりのテクニックも必要でしょう。

たとえば、なにげない話から、相手のいまの関心が何かをかぎとり、そのあたりから聞きたい話を引き出すのです。あるいは、これまで一番勉強してきたことは何かを、聞き出すことからはじめてもいいでしょう。

たとえ自分には関係のないジャンルであれ、その道を究めたような人の語る本格的な話には、珠玉のエッセンスが詰まっているのです。

あるいは、多少なりともその人と親しくなったら、人生の中で一番困ったことなどを聞くといいでしょう。そして、その困難をどうやってクリアしていったかなど聞き出していけば、これは大きな参考になるはずです。

さらにいえば、プロとまではいかなくとも、自分に何かを教えてくれる人を持つのは大事なことです。

なにしろ、50代といえば、そこそこに社会的地位もできあがり、人に頭を下げてもらうのを当たり前とさえ感じかねないころです。そんなとき、「これは、ダメだよ」と言ってくれる人がいると、自分の中にある思い上がりも吹っ飛んでいきます。

満足していないで、よしもっと勉強してやろうという気を起こさせてくれる意味でも、教えてくれる人をもつのは重要なのです。

習慣18　新しいことに挑戦する楽しみ

●ネット検索は脳を活性化する

かつて高齢者はパソコンや携帯電話を使いこなせないのではないかと心配されましたが、70代はもちろん、80代になっても、携帯電話を使いこなしている方は少なくありません。人間は、ある程度歳をとっても新しい状況に対応できるという一つの証拠でしょう。

パソコンも同じです。かつてオフィスにパソコンが導入されはじめたとき、40代あたりの人は尻ごみしました。果たして自分にできるだろうか、と部下任せにしている管理職も多かったと聞きますが、いまでは50代が当たりまえにパソコンを使いこなしています。

そのパソコン、仕事以外にも、どんどん活用すればいいでしょう。気になることは、どんどんネットで検索したいものです。

パソコンにキーワードを入れて検索すれば、そこからいろいろなことがわかります。驚きや発見は、頭のいい刺激になります。また、新たな知識が増えれば、好奇心も広がり、趣味を広げてくれます。

もう一つ、パソコンが頭にいいのは、指先を使うからです。パソコンキーを打ち込むときは、目まぐるしいほど指先を動かします。指先の神経は脳と密接に関わっているらしく、指先の運動は頭を刺激してくれるのです。

考えてみれば、人間が高い知性を獲得できたのは、手を器用に動かすことを覚えはじめたからです。火を起こし、石器をつくり、やがては道具や食器をつくり、文字を発明するに至る過程は、指を複雑に動かす過程でもあります。

文字を書くのももちろん指先の運動になりますが、パソコンもまた指先の運動になり、頭の活性化にいいのです。

パソコンでのインターネット検索が中高年の頭の活性化につながることは、アメリカのカリフォルニア大学ロサンザルス校のチームによっても、報告されています。

彼らの研究では、55歳から76歳の被験者を集めました。被験者の中には、インターネット検索経験者と未経験者がいて、それぞれをグループに分けて、ネット検索と読書をしてもらいました。

実験の結果、ネット検索をしたとき、ネット検索経験者の脳血流変化は、未経験者の2倍にも達したそうです。

とくに意思決定や論理思考の関わる脳の部位が活性化したといいますから、パソコンで遊んでいるうちに、論理力がつくのです。パソコンでのネット検索は、おおいに楽しんだほうがいいのです。

●メールで脳に新しい回路ができる

パソコンや携帯電話がいいのは、メールが打てるところです。家族や知人とメールのやりとりをしていると、カタくなりかけた頭がほぐれてくるはずです。

メールのやり取りは、会話の一つの変形です。たしかに、本来なら会って会話を楽しむのが一番です。実際に会っての会話なら、相手の息づかいを体感できますし、相手のちょっとしたしぐさから隠していた感情も読み取れます。話がはずめば、際限なく盛り上がります。

会話の楽しいやり取りは、頭を刺激し、新たな思考回路をつくってさえくれます。その意味で、実際に顔を合わせての会話は頭にいいのですが、メールのやり取りにも、会話に近い効果があります。

メールのやり取りの場合、生の会話ほど一気に盛り上がることはありませんが、その一方、自分でじっくり考えて意見を言えます。生の会話の場合、ともすると話の勢いに流され、話が非論理的になっていることもあります。あとで考えてみれば、矛盾があったということはよくあります。

メールの場合、自分で読み返しますから、論理の破綻に気づきやすいのです。論理的に話を展開していこうとすると、頭を使います。これが、生の会話とは違った形で、頭を刺激してくれるのです。

また、メールの場合、めまぐるしく指を動かします。若者が携帯電話にメールを打ち込んでいる姿を見ていますと、なんとも器用に見えるのですが、指先の運動は頭にいい刺激となってくれるのです。

ふと思いついたことは、知人にどんどんメールで送ればいいのです。相手から返事が返ってくると、これが励みになり、さらに熱心になります。

また、最近の携帯電話にはカメラ機能がよくついていて、デジタルカメラと同じくらいの高い精度の機種もあります。カメラ機能をはじめとする付加価値機能をもっと利用してみてはどうでしょうか。

付加価値機能を前にすると、人はともするとと消極的になりがちです。「わからない」「私には使えないだろう」と尻込みしがちですが、これでは頭はカタくなるだけです。

新機能には、ダメもとで挑戦したほうがいいのです。案ずるより生むがやすしで、意外に簡単に使いこなせるようになるものです。新しいことへの挑戦によって、頭にいい刺激が送られることは言うまでもないでしょう。

いまどきのメーカーは、若者相手だけに商売をやってはいません。メーカーにとって、高齢者は重要なターゲットであり、高齢者にも使えるような仕組みを考えているのです。

●「おまかせ」を頼んで驚きを味わう

近年、「カラオケ」「スシ」「マンガ」などの日本語が、次々と世界共通語として定着しはじめています。「ヤキトリ」「テンプラ」も世界で通用する言葉になっていますが、「おまかせ」もその一つです。

海外の寿司屋さんで、外国人が「オマカセ、プリーズ」と言うだけで、あとは寿司屋さんが予算に応じて握ってくれるという次第です。

この「おまかせ」、「はじめに」でもちょっと触れましたが、料理屋で頭をほぐすのにも使えます。献立表をいちいち見ずに、「おまかせ」にしてしまうのです。すでに中高級の日本料理屋は、おまかせです。「松」「竹」「梅」のどれにするか選択するくらいで、あとは料理屋まかせです。

なんだか他人に下駄をあずけたようで、頭を使う場がないじゃないかと思う人もいるでしょう。自分でメニューを決めないなんて、主体性がないという人もいるかもしれません。

たしかに、メニューを選ぶという頭の使い方はしませんが、そのあと頭に驚きという刺激がくることが多いのです。おまかせにされた料理屋は、いろいろな素材をお客に提供しようとします。定番以外に、変化球を考えてきます。

この変化球が、おもしろいのです。変化球の中には、これまで食べたことのない素材、あるいは調理法もあります。次から次へと驚きがあれば、頭にはいい刺激となります。

とくに日本料理屋さんでは、「八寸」「前菜」などで小さな料理が数種提供されます。こしあぶら、むかご、独活《うど》、じゅんさい、このわた、からすみなどあまり食べない食材も登場してきます。

まずは見た瞬間から、「これは何?」と頭をひねります。次に食べて、「うまい!」「変な味……」といった感想が出てきます。目と舌からくる二重の刺激が頭をマッサージし、頭に活力を入れてくれます。

また、ひねりのある料理、変わった食材が登場すると、会話のタネになります。「おもしろいね」「こんなの、ありなんだ」と言って会話が盛り上がれば、これも頭のマッサージになります。

「おまかせ」は、日本人の考え出した知恵であり、料理にいかに驚きを与え、変化をつけるか考えていった一つの結論です。それは、食べる人の心をなごませると同時に、会話の機会を与え、食べ手の頭をほぐしていくものだったのです。

●異性のスターにもっと胸をときめかせていい

50代になると、妙に分別くさくなる人がいます。若いころによく色恋沙汰を起こしていた人でも、「もう卒業したよ」と言って、異性にあまり興味を持たなくなるケースもあります。

あるいは、若いアイドルスターを見て、「みんなおんなじ顔に見える」などと冷たい目で見る人もいます。

けれども、50代は〝性〟とおさらばする時代ではありません。50代以降も、異性に関心を持ち、恋心を抱くなど、異性へのときめきは、頭と心にいいのです。心が若返り、みずみずしくなります。

精神的に活力があふれてくると、日々の仕事や生活にも積極的になれます。また、異性への胸のときめきは一瞬で終わらず、わりに長つづきしますから、脳を刺激しつづけてくれます。

近年は韓流ブームで、韓国の美男俳優に日本のおばさまたちが夢中といいます。わざわざ韓国まで出向く女性も少なくありませんが、彼女たちがエネルギッシュでたくましく、若そうに見えるのは、胸がときめいているからです。

50代になったからといって、分別くさくなる必要はありません。むしろ、「いいな」と思った異性のスターにもっと関心を抱いたほうがいいくらいです。

インターネットで調べれば、いろいろな画像や情報くらいすぐに出てきます。異性のスター相手に胸をときめかせることで、アタマは若返ってくるのです。

異性という点で、スターよりもっといい対象は身近にあります。自分のパートナーを見直せばいいのです。ときには街で待ち合わせてデートをしたり、ゴルフの練習に誘ってコースに出たりすると、パートナーの新たな魅力を見つけ、心ときめくことすらあるでしょう。

妻や夫は、これからの長い後半生のパートナーです。妻や夫にときめくのが一番刺激的であり、ときめきが長つづきするのです。

☆アタマの柔軟発想のコツ　Part3

自分でクイズの問題と解答を考える

たとえば、A町からB町へ行くときに湖が横たわっているとします。この二つの町を行き来できる方法を、いろいろな角度から考えていくのです。

答えは、いろいろあるはずです。橋を架ける。渡し船を用意する。湖を迂回する道をつくる……こういったところが普通の発想で、もっと頭を遊ばせた大胆かつユニークな発想もあるでしょう。たとえば大量の乾燥剤で湖を干上がらせる。モーゼの杖を借りて、湖の水を分断する。湖を飛び越すジャンプ台を用意するといったものです。

こんな遊び心のトレーニングはどこででもできます。要は問題意識を少し働かせてみることです。一つ実例を紹介しましょう。新幹線で大阪から東京へと向かうとき、富士山が通行方向のどちら側に見えるかというと、誰しも左側に見えると言うでしょう。実際、私もそう思い込んでいたのですが、ときとして違うのです。

あるとき、フッと気づいたら、窓の右側に富士山が見えてきたのです。私はちょうど『頭の体操』シリーズの問題をつくっていることもあって、「これは何だろう」と跳び上がってしまいました。

ちょっと調べてみると、たいしたことではありません。新幹線の上りは、基本的には富士山の南側を西から東へ走っているのですが、途中、北方向へ進路をとるところがあります。丸子川を越えたあたりで、このとき、富士山は右側に見えるのです。

パナマ運河を地図上、左から右へ移動するのは、太平洋から大西洋に抜けるとき、と思ったらその逆だった、どうして？　など、こんな発見も、ほんのちょっとした問題意識から生まれるのです。

この問題意識は、しかめっ面《つら》から出てくるわけではありません。むしろ、ちょっとほかの見方をしてやろうという遊び心から、顔をのぞかせてくるのです。

遊び心は、どこにいたって持つことができます。電車の中であれ、道端であれ、喫茶店や居酒屋のカウンターであれ、ちょっと遊び心を働かせて物事を見れば、あなたの頭は、いろいろな角度から刺激を受けます。それが、頭を柔らかくしていくのです。

第4章

視界がパッと開く
しがらみの上手な手放し方

習慣19

50代からは自立のとき

過去から自立し、大きな未来を夢見る

不況のなか、危ない会社の見抜き方といった特集があちこちでされていますが、一つ私がなるほどと思ったものがありました。

会社の仲間同士の会話を聞いたとき、やたら昔話が多い会社は気をつけたほうがいいというものです。「バブルのころはよかった」とか「昔はバリバリ仕事をしたものだ」といった昔の自慢を口にする会社は危ないというのです。

おそらくは過去ばかりを見て、未来を見ようとしない会社はダメになるということなのでしょうが、これは50代からの生き方にも当てはまるでしょう。

30代、40代の自分の活躍した時代を振り返って、「あのころはよかった」と後輩や家族に話していては、これからの人生に何も生まれません。

たしかに、いまの50代のサラリーマンには自信を失いかけている人もいます。もう自分の時代ではない、自分はもはや行き場がない……などとつい思ってしまう人は、仲間と会ったときに、何かと古きよき日の話をしがちです。けれども、これでは何も生まれてこないのです。

50代のサラリーマンには、まだ30年、40年の人生が待っています。たとえいまの自分は冴えなくとも、将来の自分はそのかぎりではないのです。明るい未来の自分を想像して、そこに向かっていったほうが人生は楽しくなるはずなのです。

喜劇王として名高いチャーリー・チャップリンにも、こんな逸話が残っています。

チャップリンがイギリスで「サー」の称号を受けたときのことです。チャップリンを囲んだ新聞記者たちは、彼にこんな質問をしました。

「あなたは生涯において、人のできないようなすごい仕事をして、人類に対していろいろな問題を投げかけてきた。さらにおなかを抱えるほど笑わせてもらったし、笑いながら泣かされもするなど、いろいろな作品を提供してくれた。いま、この時点で生涯を振り返って、たった一つだけこれだと思う作品を推すとしたら、どの作品ですか」

この質問に対して、チャップリンは答えました。

「Ｎｅｘｔ ｏｎｅ（次回作さ）」

チャップリンにすれば、皆は過去の仕事にしか目を向けていないが、問題は未来であることを言いたかったのでしょう。そして、未来にまだ大きな仕事をするという気概を見せたかったのです。

チャップリンほど大きな仕事はできなくとも、私たちもチャップリンのこのセリフくらいは口にしてみたいものです。

自分の過去というものはすでに変えようがないのですが、未来はいかようにも変えられるのです。60代、70代に自分の人生の最高潮を迎えた人も少なくありません。自分の考え方しだいで、未来はいくらでも充実し、楽しいものになります。

さらに過去を振り返るというのは、過去に縛られていることになります。これでは自分の未来は過去のスケールよりは大きいものにはなりません。

過去から自立し、より大きな未来を夢見ることも、これからの50代には求められているのです。

●積極的に「孤独」を楽しむ

ロシアの文豪トルストイといえば『戦争と平和』をはじめとする傑作を残し、晩年は名声に包まれていました。そのトルストイの晩年、彼は突如、素っ頓狂《すっとんきょう》なことをはじめます。彼はこれまでの数々の傑作を駄作だと破棄しようとしたばかりか、家族を捨て、家を出ようとします。

このトルストイの晩年の決意にはいろいろな理由があるようですが、一つには、トルストイは本当の意味での自立を求めていたのではないでしょうか。それが、あまりにも極端なかっこうであらわれてしまったのです。

私は、いまの50代だけでなく、多くの日本人が本当の意味で自立を成し遂げていないのではないかと、昔から主張してきました。

自立とは、会社からの自立であり、妻からの自立、子どもからの自立、そして社会からの自立です。この自立が、いまの日本人にはなかなかできないのです。それが、自分を不自由にし、楽しめない人生を送る原因になっているのです。

実際、リストラの中、力強く生きる人たちが、ちらほらと登場してきたとはいえ、50代のサラリーマンはまだ会社に期待しています。さらに、妻にはおんぶにだっこの状態です。妻がいないことには、着替えがどこにあるのか、ゴミ出しはどうするのかさえもわからない、という夫は少なくないでしょう。

その妻も子ども離れができず、子どもが20歳を過ぎ就職しても、母親が子どもべったりという話はめずらしいものではありません。こんな具合ですから、最後にやってくる社会からの自立までは、ほど遠い道のりなのです。

これが日本の現状かもしれませんが、こんな自立しない自分では、不自由なままです。自立するから自由を得られるのであって、50歳は自立を真剣に考えるときなのです。

もちろん、トルストイのように家出をするのはあまりにも極端にせよ、いつまでも家族にべったりというわけにはいかないでしょう。

自分の人生を楽しむためにも、家族とはいえ、適度な距離をおくことを考えはじめたほうがいいのです。

そのためには、たとえば一年に一回でいいから、一人暮らしをするのもいいでしょう。夏休みに貸別荘にこもるのもいいでしょうし、あるいは妻と子どもを実家に帰省させる方法もあります。こうして日々の生活を自分でやりはじめたとき、一人で生きる大変さがわかります。

それとともに、自分だけでもやっていく自立の精神、自立の楽しさがわかってくるでしょう。さらに誰にも邪魔されず、考える時間ができますから、これは50代からの生き方を練るいいチャンスといえるでしょう。

●肩書きのない名刺をつくってみる

50代で迫られる最大の自立は、会社からの自立でしょう。自営業の人はともかく、多くのサラリーマンには定年が待っています。50代半ばで定年というケースもありますし、再就職した場合、これまでのような優雅な会社人生とはいかないのがふつうです。

定年となれば、いままで属していた会社とは無縁になり、いやでも会社離れしなければなりません。が、見るところ、少なくないサラリーマンが定年後に、会社人生をひきずってしまっています。

これでは思考回路がリニューアルされず、頭に古い澱《おり》のようなものがたまっていくだけです。サラリーマンの中には、定年後、一気に覇気もなくなれば、思考力も鈍る人がいますが、会社からの自立に失敗してしまったからといえます。

50代は、会社でもっとも力を発揮し、社会に貢献できる時代であるとともに、会社からの自立がすぐそこに迫っている時代でもあります。

定年になって、会社離れができずに鬱屈するよりも、50代に自分のほうから会社からの自立を遂げておくことです。会社から自立すれば、どれだけの自由が手にできるか、そのことも実感しておくのです。

そのためには、肩書のない名刺をつくってみてはいかがでしょうか。要は、会社とはまったく無縁の名刺をつくるのです。

会社人生といえば、名刺人生です。入社すると、すぐに名刺を与えられ、その会社の一員であることを実感するでしょう。

以後、昇進すると、「課長」「部長」といった肩書が名刺にはいります。肩書は自分を光らせ、大企業の部長クラスの名刺をもらうと、ありがたがる人もいます。

けれども、肩書は自分を縛るものでもあります。肩書でメリットが得られると、人は肩書に依存するようになります。いくら「名刺で仕事をするな」と言われ、本人も「名刺なんて要らないよ」とうそぶいていても、そのじつ、つい名刺の後光効果に頼るところがあります。

名刺によって思考がルートづけされているようなもので、自由な発想力を縛っています。そこで、肩書のない名刺をつくってみるのです。

元人事院の内海倫《ひとし》さんなど、引退後はじめて肩書きのない名刺を作り、「いよいよオレもここまで大物になった」と喜んでいました。

肩書のない名刺をつくって、初めて会う人に渡すと、どうでしょう。肩書入りの名刺を渡すと、多くの人がペコペコしてくれていたのに、肩書のない名刺では、そうはならないことに気づくでしょう。

その落差に気づけば、これまでいかに自分が会社に依存していたかもわかるのです。これは、会社からの自立に向かって動きだす強い動機になります。名刺を渡した人とのつきあいも、肩書にとらわれないものとなり、より自由なかたちでつきあいができるでしょう。あるいは、「肩書のない名刺って、変わっていますね」とあれこれ聞いてくる人もいるかもしれません。会話が盛り上がれば、新たな仲間を得たことにもなります。

自分の名前しかない名刺がさみしいというのなら、名刺に自分の特技や趣味でも書き込んではどうでしょうか。「ラーメン全国行脚家」「酒肴考案大好き」「50代でもアニメ」などと書けば、仲間が得やすくなるでしょう。

また、ときどき人を肩書抜きで観察してみるといいでしょう。「あの部長は、部長という肩書を取ったら、趣味も何もない人だ。プライベートでつきあうと、おもしろくない人だろうな」「あの課長は、課長としての出来は失格に近いが、けっこう趣味人だ。ちょっと尋ねると、意外に骨董や美術品に詳しいことがわかる」などと、一個の人間として観察すればいいのです。

肩書がその人のレベルを表さないことがわかれば、会社がすべてでないことも見えてくるに違いありません。

習慣20　人生計画は、いい加減でかまわない

●「あと3年」で、会社の中で何ができるか

50代を迎えたサラリーマンの中には、逃げきりを考える人もいます。40代まで頑張ってきたのだから、あとは流せばいいだろう、目立たずに仕事をしていれば、定年まで会社にいられるだろう、といった逃げきり思考です。

たしかに、リストラが当たりまえの世知辛い世の中ですから、つい逃げきりを考えたくなる気持ちはわからなくもありません。

けれども、そうした考え方は、サラリーマンとしての人生はもちろん、人生全体をさみしくするものです。これでは、50代に頭をフル回転させ、能力を全開にする場が生まれません。

頭というのは、全力をふるう機会があって、はじめて鍛えられるのです。全力をふるわ

ないでいると、頭は鈍っていきます。

それは、若いころのことを思い出せばわかるはずです。誰もが試験勉強をしてきたと思いますが、なかには一夜漬けの人もいたでしょう。一夜漬けの人とふだんから勉強をしてそうな人のどちらの頭がよかったかというと、そうは差がありません。一夜漬けの人のほうが、冴えていたということもあります。

なぜ、一夜漬けの人の中に、頭のいい人が少なくなかったかというと、彼らは明日の試験のために集中したからです。

一生懸命、単語や公式を覚えようとし、頭をフル回転させていました。覚えた単語をそのうち忘れることはあっても、一夜漬け時間によって頭は鍛えられていたのです。

一方、ふだん勉強している人でも、集中力の低い勉強では、頭はさして働いていませんから、頭は鍛えられていないのです。

能力を全開にする場がないことが、いかに人の頭をナマクラにさせるかは、かつての公務員を見ていると、わかります。いまでこそ公務員もよく働き、気の付く人も少なくないのですが、かつて「公務員仕事」といえば「やる気のない仕事」の代名詞のようなものでした。

学生時代、能力の高かった人も、公務員となり、やる気のない職場に身を置くと、そのうち鈍ってきます。気がつくと、文句ばかり言っている冴えない中年になっていたという話はよくありました。

会社で逃げきりを考える50代は、かつての公務員とダブるのです。高い能力を持っているにもかかわらず、使わないのであれば、能力は低下してきます。頭を使う場をつくっていかないと、頭は鈍ってきます。結果、会社にはいづらくなりますし、60代、70代の人生も輝かないでしょう。

50代から頭を鍛え、若者をハッとさせたいなら、頭を鍛える場をつくることです。第一線に立っているかぎり、頭は鍛えられつづけるのですが、第一線を半ば去っていたとしても、頭は鍛えられます。

それには、あと3年で自分が何をしたいか考えてみるといいでしょう。50代になると、会社人生はあと10年、15年、いやもっと早まる人もいるでしょう。会社の中でできることは限られてくるのです。ならば、限られた会社人生で、自分が何をしたいか、どれだけ貢献できるかを考えればいいのです。

それも、期限付きがいいでしょう。あと5年としたのでは、そのまえに退職してまう可能性もありますから、あと3年くらいがちょうどいいでしょう。あと3年で、何がしたいか考えていくと、あれこれ浮かび上がるはずです。

途中で放棄してしまった商品をふたたび開発してみたい、販路はあと5つ広げたい、見どころのある部下をもっと鍛えておきたい、などいろいろあるでしょう。オフィスで自由な会話のできる雰囲気をつくりたい、女性の力をもっと活かせる体制づくりをしておきたい、でもいいでしょう。

考えれば、いろいろあるはずです。この中で優先事項をつけ、やりたいことから実行していけばいいのです。

「あと3年」とゴールを設定しておくなら、そこにラストスパート効果が生まれます。人間、ゴールを決めておかないと、意外に仕事をしません。「いつでもできるからいいや」と思っていると、結局、何もしないのです。一方、あらかじめゴールを設定しておくと、ゴールに向かって集中します。

本来、50代はラストスパートの時代です。ここに3年というもう一つのゴールを設けることで、さらに力がはいるようになります。ラストスパートに集中することで、50代の頭は鍛えられていくのです。

●人生の目標は一つに絞らない

私はかつて『人生計画の立て方』という本を書きましたし、この本でも人生を逆算して、計画を立てることをおすすめしています。そのとおり人生の計画をきっちり立てるのはけっこうなことですが、それを守ろうとしゃかりきになる必要はないでしょう。

いまの50代の人は、ある意味でじつに生真面目です。計画を立てたら、これを意地でも守ろうとする傾向がありますが、人生の計画はもう少しいい加減でかまわないのです。これはうまくいかないと思ったら、さっさと変更すればいいのです。

さらに、現代は非常に変化のはやい時代です。５年前には最新だったものも、いまではもはや旧式化しているケースはざらにあります。新しいものを取り入れる気があるなら、これをさっさと取り入れ、人生の計画をつくりなおしたほうがいいのです。

大切なのは、計画を守ることではなく、自分の人生を楽しむことなのです。計画を守るために、自分の人生を犠牲にしたのでは、これは本末転倒です。自分の人生をより楽しむためには、計画はどんどん変えていったほうがいいのです。

計画をかたくなに死守することが、いかに人間をみじめにするかは、崩壊した社会主義の国々を見れば明らかでしょう。計画を実現するために、手抜きの工事をしたり、あるいは偽りの申告をした結果、社会はガタガタになってしまいました。国民も計画を守るために余分なエネルギーを吸い取られて、気力を失ってしまいがちです。

計画を守るというと、全面的にいいことのように受け取られがちですが、現実はそうでもないのです。

また、計画を立てるときに、目標を一つには絞らないほうがいいでしょう。人生の中に、目標はいくつもあったほうが、肩の力を抜けるのです。

もし目標が一つだけのとき、これに挫折すれば、落ち込むばかりか、つぎに何をしていいのか、わからなくなりかねません。また、たった一つしかない目標をぜひ成功させようと気張りすぎるから、人生は息苦しいものにもなってしまいます。

目標がいくつもあれば、一つが挫折してもつぎの目標に向かえばすむ話です。一つがうまくいかないとき、ほかの目標に向かっていれば、いい頭の冷却期間が生まれます。こんなときは、目標をクリアするアイデアも生まれやすいのです。

人生はそれほど堅苦しく考えず、少しいい加減に生きたほうが楽しいのです。

●計画の途中挫折、おおいにけっこう

人生計画を立ててたはいいものの、途中でうまくいかなくなることはよくあります。

農薬を使わない野菜づくりを楽しむはずだったが、害虫対策にほとほと手を焼き、投げ出してしまった。東京マラソンに参加するつもりだったけれど、そこまでやる体力がないのに気づいた。ブログを立ち上げたものの、どうも性に合っていない気がしてやめた。などなど、いろいろな話を聞きます。

計画が途中でうまくいかず、放棄したとなると、なんだか自分の人生まで失敗だったように思う人もいます。

あるいは、無駄な時間を過ごしてしまったとこぼす人もいますが、そんなに悲観的になることはありません。やってみたこと自体に大きな意味があり、人生の肥やしになってくれるからです。

人間、やってみないことには、何もわかりません。それが自分に向いているか、向いていないかも、やってみてはじめてわかることが多いのです。自分に合うと思っていたこと

でも、合わなかったということはよくあります。それはそれで、自分がどんなものに合わないか、わかっただけでも、大きな収穫です。

また、誰しもがその道のプロ級、達人になれるものではありません。本書で、セミプロを目指しましょうとは言いましたが、素人芸にとどまり、下手の横好きというレベルも少なくありません。

多くの人が玄人はだしになったら、それこそ玄人がみな裸足で逃げ出してしまい、玄人の仕事がなくなってしまいます。素人が途中でうまくいかなくても、当たりまえなのです。

計画を立てたものの、途中で挫折は、おおいにけっこうです。挫折までの過程で、いろいろな経験をしていますから、これだけでも大きな収穫です。

また、なぜうまくいかなかったのか考えることも、頭のトレーニングになります。かなりあとになって、「これが欠けていたから、うまくいかなかったのだ」と発見することもあります。

それに失敗談、挫折談は、話のタネになります。自慢話は人に聞いてもらえませんが、失敗談なら人を笑わせます。計画の挫折の多い人は、話し上手になりやすいのです。

☆アタマの柔軟発想のコツ　Ｐａｒｔ４

ドイツの哲学者ショーペンハウエルがケチ呼ばわりされたときのことです。たしかにショーペンハウエルという人物、豊かな家庭で育ったわりには、人におごるようなことをしませんでした。それで、ある人物がこう言ったのです。

「そんなにお金に執着するとは、哲学者らしくないね」

これに対して、ショーペンハウエルは負けていません。

「私は、自分に金もうけの才能がないのをよく知っているから、せめて使うほうを慎重にしているだけだよ」

さらに、お金持ちの婦人がケチ呼ばわりされたときも、こう弁護しています。

「貧乏人は貧乏なんて苦にしないから、金をパッパと使う。金持ちは貧乏を恐れるから、ケチになるのだよ」

終章

50代、人生をさらに充実させる心のルール

(1) 50代は、人生でもっとも創造的な時代になる

●前半生の集大成であり、後半生の入り口

50代には二つの側面があります。

一つの側面は、人生の能力的ピークに達するということです。50代の多くは知識と経験を豊富に持ち、人脈を築き、組織で信頼をかちえています。社会的には、もっとも力を持つ勢力とさえいえます。

50代には会社で責任ある立場にある人が多いですし、社会での指導的立場にある人もいます。50代は自分の能力を最大限に活かせる環境を持ち、最高の創造ができる時代なのです。50代がいかに仕事を達成していくかで、会社や社会の豊かさは違ってきます。

その一方、50代は後半生の入口にあります。人体の機能は40代ごろからすでに衰えはじめていますが、50代にははっきりとこれを自覚することになります。放っておくと、心身

の機能は劣化をはじめます。

後半生をいかに楽しく有意義に過ごすかで、人生全体も違ってきます。仕事人生でうまくいかなかった人でも、後半生で大きな収穫を得れば、トータルで豊かな人生になります。

いわば、50代は前半生の集大成であり、能力のもっとも発揮できる時代であるとともに、会社とは無縁の後半生の入口なのです。この二つの側面はまったく別々に進行すると思われがちですが、そうでもありません。50代にいかに能力を発揮するかで、じつは50代以降の後半生の充実度が違ってきます。

「逃げきろう」なんて考えは捨ててしまおう

50代は人生の中でもっとも能力を発揮でき、かつ大きな影響力を持てる時代です。能力を最大限に発揮すれば大きな仕事も達成できるのですが、そう思っていない人もいるようです。彼らは、50代を人生の下り坂と思って、悲観的な考えに捕らわれてしまっているのです。これは、じつにもったいない。

たしかに、50代は体力の衰えを自覚する時代です。昔のように深夜まで残業すると、疲れが残りやすくなります。このあたりは、しかたないところです。

また、50代になって、思考力、頭の回転、集中力の衰えを自覚する人もいます。昔のように、集中できなくなった。物覚えが悪くなった。覚えているはずの言葉がなかなか出てこなくなった。そんな50代のグチを、よく聞きます。

頭の衰えを自覚してしまうと、次に心が衰えます。これ以上、会社での出世は無理だろう。人生でもう大きなことはできない。そう思ってしまうと、「逃げ」の心理に捕らわれていきます。これからさきの20年、30年をいかに逃げきるかという心理です。

要は、少しでも長く会社にしがみついて、できるだけ退職金をもらって、余生をなんとかしのごうという考えです。いわゆる大企業に勤めている50代に、こうした心理が働くことも多いようです。

かつては高い成長を誇ったものの、近年は低成長に悩んでいる大企業は少なくありません。会社自体がかつてのように成長できないことがわかると、ますます逃げの心理は強く働きます。会社がもっと悪くなるまえに、いかに勝ち逃げするか汲々《きゅうきゅう》としはじめる50代もいます。

逃げの心理に捕らわれると、負のスパイラルに陥ります。いかに現役時代を逃げきって、後半生に少しでも蓄えを残すかばかり考えていると、思考がワンパターン化していきます。

それもマイナス思考のワンパターン化であり、こうなると頭の機能がサビついてきます。ますます頭の衰えを自覚することになり、悲観からさらに逃げの心理が強くなっていきます。これでは、創造力も集中力も衰えるばかりで、60代以降、悲惨なことになりかねません。

50代が逃げの心理に捕らわれてしまうのは、長く頭の管理を怠ってきたからです。30代から40代初めにかけては、放っておいても頭は回転します。それをいいことに、頭の管理を怠ってきたのです。だから、頭が少し働かなくなったと自覚したとたん、もうダメかもしれないと悲観的になってしまうのです。

逆にいえば、頭の管理をして、頭の使い方を工夫し、生き方までも変えていくなら、50代の頭は20代と比べても、遜色ないものとなります。たしかに瞬間的な反応は20代のほうがまさるでしょうが、深い思考力や強靱な創造力は50代のほうが上回ります。

50代は、まだまだこれからの時代なのです。そのことを知るだけでも、力がわき、自分の能力を伸ばしてやろうという気になるはずです。

●ここからの10年、最大の創造ができるとき

50代からの知力がいかに充実したものになるかは、周囲を見ればわかるはずです。自分より5歳も10歳も上なのに、頭がキレる経営者、上司というのは、探せばいくらでもいるでしょう。実現するかどうかはともかく、とんでもないスケールの都市計画を考えている人もいますし、重厚かつ緻密な論理で説得力のある文書を書く人もいます。三カ国語以上の言語を使いこなし、その言語で思考をやってみせる人もいます。

古今東西の歴史を調べても、50代から大仕事を成し遂げた人は少なくありません。たとえば、ルネサンス期を見渡しますと、イタリア・ルネサンス最大の天才とされるレオナルド・ダ・ヴィンチはどうでしょう。

彼は若いころ、フィレンツェで働いていますが、意外なことにフィレンツェでは認められませんでした。彼はミラノに移住、40代から本格的に仕事をはじめています。有名な「最後の晩餐」を仕上げたのは、レオナルドが46歳と、50代に迫る時期でした。「モナ・リザ」になると、50代前半の作品とされます。

レオナルドと並ぶルネサンスの天才とされるミケランジェロの場合は、どうでしょう。彼は33歳のときに、バチカン宮殿システィナ礼拝堂の天井画「天地創造」に取り組みますが、じつはこれが彼にとって初の本格的絵画であったといいます。彼は彫刻家を自認していて、絵画の取り組みに関しては遅かったのです。

彼が同じくバチカン宮殿システィナ礼拝堂の壁画「最後の審判」に取り組むのは、その後、61歳のときからです。彼は5年以上かけて、この大作をものにし、71歳のときからローマのサン・ピエトロ大聖堂の設計に取りかかっています。

ルネサンスの天才というと、才能にまかせて若いころから大活躍していたと思われがちですが、そうでもないのです。むしろ、50代くらいから大仕事を達成していることが多いのです。

地動説を唱えたことで名高いコペルクニスの場合、死の床についた70歳になって、ようやく地動説を強く主張しています。ガリレオ・ガリレイが、『天文対話』で地動説を唱えたのは68歳のときです。50代から、科学者が真理に到達するケースも少なくないのです。

あるいは、ロシアの作家ドストエフスキーにしろ、『悪霊』を世に出したのが50歳のとき、最高傑作『カラマーゾフの兄弟』を書き上げたのは59歳のときです。その後、彼は『カラマーゾフの兄弟』の続編を構想中に没しています。深い創造力は、50代、60代に研ぎ澄まされ、磨かれていくのです。

もちろん、そこには頭の管理が必要です。天才といえども、頭の管理をいい加減にしておくと、頭はサビついていきます。うまく頭を管理しているから、より集中力は高まり、全体を構築する深い思考力が養われ、高い創造力も発揮できます。

その後押しをしてくれるのが、これまでの経験です。20代、30代の経験など、50代からすれば知れたものです。50代は、多くの成功と失敗の体験を得てきています。深い喜怒哀楽の経験も経ています。

人を操り、動かす経験も重ねていれば、責任を取るという経験も味わってきています。経験によって50代には人間的な深みが加わり、これが知力と合体すれば、大きな能力となるのです。

●50代からでも、スケールの大きな能力を得られる

50代は、これまでやってきた仕事のレベルを最高に高めることのできる時代です。と同

時に、新たなことに、いくらでもチャレンジできる時代でもあります。50代、60代からはじめてモノになることは、いくらでもあります。

50代で「これはすごいな」と思うのは、江戸時代を生きた人たちです。武士の中には、隠居したあと、好きなことをやって一芸の達人になった人も多いといいます。

その代表格が伊能忠敬《いのうただたか》でしょう。伊能は日本の国土を初めて本格的に測量し、「大日本《だいにほん》沿海輿地全図《えんかいよちぜんず》」を完成させた人です。

その地図は科学的な測量技術に基づいたもので、幕末に日本を訪れたペリーも、その正確さにびっくりしたとされます。

彼は18歳のとき伊能家の婿養子となり、商売を営みます。そして50歳になったときに家督を息子に譲り、隠居します。ここから、伊能のもう一つの人生がスタートします。

彼は幕府の天文方の高橋至時を先生として、測量、天文観測について本格的に学びはじめます。先生となった高橋はまだ30代初めで、いまでいえば引退した元部長が、別会社の若い主任か係長クラスに教えを乞うたようなものです。伊能はそれを恥とも思わず、喜々として学んだようです。

彼が全国測量をはじめるのは、56歳のときです。そこから17年の歳月をかけて日本全国を歩き回り、地図を完成させています。彼の後半生は、商売とはまったく異なる測量の世界で生きることでしたが、そこでみごとに才能を開花させ、前人未到の大事業をやり遂げたのです。

また『解体新書』の編纂で知られる前野良沢《まえのりょうたく》は、もとは中津藩の医者でした。彼が蘭学を志したのは46歳のときで、50代の一歩手前です。当時の栄養状態を考えるなら、いまの50代のようなものでしょう。

彼は杉田玄白らとともに、西洋の解剖書『ターヘル・アナトミア』の翻訳に取り組むのですが、これが47歳のときです。

当時、オランダ語の辞書というものはありません。彼らは辞書なしのまったく独学で『ターヘル・アナトミア』の日本語訳という大それたことに挑戦し、これを成し遂げました。その中心となったのが前野であり、『解体新書』の完成は51歳のときです。

彼はその後もオランダ語研究に打ち込み、藩主からは「蘭学の化け物」と評されたほどです。

伊能にしろ前野にしろ、けっして天才的な人物ではありません。その前半生を見ると、よくある良心的な商人、勉学好きの医者なのですが、突出したところはありません。

彼らは平凡に生きながらも、その一方で、好奇心にあふれ、頭は柔軟でした。おもしろいことはないかとアンテナを張りめぐらせているうちに、後半生のやり甲斐、楽しみを発見したのです。そのやり甲斐、楽しみを追求しているうちに、彼らからとんでもない才能が表れ、スケールの大きな仕事をなしたのです。

人は、50代からでも、60代からでもいくらでも新しいことをはじめられるのです。新しいことをはじめるなら、それに合わせて、新たな才能を獲得もできるのです。50代は、眠っていた才能を掘り起こせる時代なのです。新たな才能を育てていくなら、頭は若返りますし、後半生の充実にもつながるのです。

50代になったからといって、「守り」にはいる必要はどこにもないのです。50代以後は、さほど可能性がないと思って、「守り」にはいってしまうと、新しいことに挑戦しなくなります。

それは思考回路をワンパターン化させ、頭の老化を早める原因にさえなります。50代からも、新しいことにおおいに挑戦していくことで、後半生が豊かになってくるのです。

（2）後半生を充実させるアタマの切り換えとは

●自由と選択に満ちた後半生をいかに生きるか

50代は人生の中でもっとも創造的な時代になると述べましたが、50代にはもう一つの側面があります。人生の後半生の入り口に立っていて、頭を切り換え、生き方をチェックすることが求められているのです。

たしかに、50代には大きな権限が与えられ、会社では指導的地位にあります。このまま地位がどんどん上がればよいのですが、じつはこれで打ち止めです。

遅かれ早かれ、これまで自分の社会的地位を保証してくれた会社を去ることになり、もう一つの人生をはじめることになります。後半生をいかに充実させるかは、50代からの生き方、頭の使い方で決まってきます。

50代が視野におく必要があるのは、定年後の自由と選択に満ちた人生です。自由と選択に満ちた人生は、20年、30年と長いものになるでしょう。

50代からはじまる人生では、もはや「○○まかせ」でOKの人生はありえないのです。これまでは、会社にいれば、それなりにつつがなく人生を送ることができました。選択をせずとも、会社があなたを守ってくれました。その会社との別れはもう間近に迫るか、終わるかしています。

こうして会社まかせの人生が終われば、家中心の生活がはじまります。そうなったとき、もう妻まかせの生活は期待できないでしょう。夫が会社で働いているから、妻も多少の我慢をしてきたのであって、家にばかりいる夫の面倒をすべて見るわけにはいかないのです。

そんな中、何の選択もせずズルズルと過ごしていたのでは、お先は知れています。私は、これまで会社では重役だった人物が定年後、あっという間にしょぼくれてしまう姿をあちこちで見てきました。何の選択もしないのでは、やがては自分を見失い、自分で自分の人生を築けやしないのです。

一方、自分で積極的な選択を行なっていけば、自分の人生に大きな広がりをもたせていくことができます。なにしろ、これからの人生には会社という制約もありませんし、子どもが大きくなっていれば、家族という制約も緩くなります。時間もフルに使えますから、こんなに楽しいことはありません。

だからこそ、会社にいたころでは考えもつかないほどスケールの大きなことだってできるのです。

さらに、現役サラリーマンなら、50代はこれからの長い自由な人生を送るにあたって、最後の助走期間に当たります。この助走期間に、ある程度の心の準備や頭の切り換え、将来の計画を練っておかないと、いざ定年を迎えてあたふたとすることになりかねません。

●逆算の人生計画

50歳から選択の人生を送ろうとするとき、いくつか頭に入れておきたいことがあります。

その一つが、これからは逆算の人生がはじまるということです。

これまでの人生といえば、単純に足し算式の人生でした。20歳前後で就職して、結婚もする。そのあと、子どもを何人かつくり、会社では年功序列式であれ、出世の階段を歩みます。歳とともに年収も増えれば、肩書も立派なものになっていきます。

最近は多少、状況が変わってきましたが、まだまだ右肩上がりの人生であり、自分の上に何かを見ることができました。いわば、何かが加算されるのが当たり前の人生でした。

しかし、50代からの人生は違います。すでに収入は頭打ちとなり、やがては年金が頼みとなってきます。自信の源にさえなっていた肩書もやがて失うことになりますし、子どもたちも別々の人生を歩んでいくでしょう。体力にも自信がなくなり、自分にも寿命があることを少しずつ意識するようになります。

いわば、ゴールへ向かって少しずつ何かを失っていく人生であり、単純な足し算では計算できなくなります。そこで必要になるのが、人生の逆算です。ゴールを決めて、そこに自分のやりたいことを埋め込んでいくのが逆算の人生です。

逆算というと、なんだか消極的に受け取る人もいるかもしれませんが、そうでもありません。人生が有限であることをはっきり自覚して、その間にやりたいことをやり、楽しみたいことを楽しもうというものです。限られた人生を精一杯楽しもうと思ったら、逆算が必要なのです。

要は、これから限られた30年なり、40年をどう生きていくか考えるのです。自分が何をやりたいかをはっきりさせ、そのために自分には何があり、何が足りないかを知っておくのです。そこから、これから先を生きていく人生計画が生まれるのです。

さらに言えば、逆算とはゼロからの発想でもあります。50歳の時点で、これまでのしがらみなどをいったん忘れ、もう一度ゼロから可能性を考えてみるのです。

すると、趣味の転換からはじまって、仲間の大改造などあらゆる可能性が浮かび上がってくるはずです。それが、これからの人生計画のアイデアにもなってくるのです。

●いまの自分を総チェックする

自分の人生を逆算し、人生計画を立てるには、二つのことをしておくといいでしょう。まず自分が何歳まで生きたいのかをはっきりさせます。そして、その生きていたい歳をデッドラインと考えて、そこまでの人生計画を立てていくのです。

もう一つは、自分の能力や環境を一度総チェックしてみることです。自分の健康の問題からはじまって財力、知力、気力などいろいろなものが、いまどれだけあるのか点検するのです。

さらには、自分がこれまでやりたくても我慢してきたことなども加えていきます。いわば商店でいえば棚卸しのようなものであり、企業でいえばバランスシートをつくるようなものです。

こうして自分の能力や環境をチェックしたら、いまの自分がわかってきます。そのいまの自分を念頭に入れながら、デッドラインに向けてやりたいことを考えていけばいいのです。これなら、無理なく人生のプランが立てられるのです。

自分の人生のデッドラインを決め、そこから逆算して戦略を立てるといっても、それほどむずかしいものではありません。自分の中でこれから何かが弱くなりそうだと考えるなら、そのフォローを戦略に入れればいいわけですし、この点が強いなら、それをもっと強くしていこうなどと計画を立てればよいのです。

たとえば、自分には友だちが少ないと思ったら、友人づくりをこれから考えていけばいいのです。また、財力に少し不安があっても、知力、体力的にはまだやれるという自信があるなら、お金のかからない趣味や仲間づくりを考えます。無理に大きな家を維持するよりは、小さな家に移ることを考えてもいいでしょう。

そんなイメージを立てていくと、自分のいま住んでいる家をどうしようとか、具体的なさまざまな問題も出てくるでしょう。これだけの生活をするには、どれくらいの資産が必要だとか考えることになります。

この作業は、自分がどんな人生を生きたいか考えることでもあります。太く短く生きるのか、それとも細いながらも長く生きるのかを自分で考え、選択していくのです。

こうした戦略が頭の中ではなかなかまとまらないのなら、紙に書いて文章化してみるといいでしょう。文章にしてみると、見えてこなかったものでも意外に見えてくるのです。

●窮屈なマジョリティから自由なマイノリティへ

50代からの生き方を考えていくとき、もう一つ知っておきたいのは「老いる」ということの意味です。定年を迎えてしだいに老いていくとき、老眼鏡は必要になりますし、ゴルフの飛びは悪くなります。また白髪が増え、髪が薄くなってきます。

私はこうした現象を感じたとき「ああ、歳をとったものだな」と感じるものと思っていましたが、そうではないのです。老いの本質とは、マジョリティ（多数派）からマイノリティ（少数派）へ立場が変化することなのです。

実際、若いうちはマジョリティで生きていくことに、何ら疑問をはさむことはないものです。デパートや商店街でも若い人向けの商品は目立つところに売られていますし、テレビでも若者が人生を謳歌している様子が繰り返し映されます。

若いときは、自分が社会の主流、多数派で当たり前と感じて生きていくわけですが、歳をとると話が違ってくるのです。

デパートや商店をのぞいても、最近でこそ高齢者向けの商品を見るようになりましたが、それでも店の主力扱いにはなっていません。テレビを見ても、お年寄りが主役クラスとなって派手に活躍するドラマなど、あまり見かけません。

若者中心にまわっている社会を見て、年齢を実感しはじめた50代にもなると、社会からしだいに無視されているような気になってくるのです。

同窓会に行っても、マイノリティへの変化を実感せざるをえません。同じ青春時代を過ごし、同じ歌を歌い、同じ本に感動し、同じころにスポーツで衰えを感じた仲間が、だんだんと少なくなってきます。ポツリポツリと〝同期の桜〟が欠けていき、私の場合でも黙《もく》祷《とう》のない同窓会はないほどです。

これからもさらにまた一人、また一人と消えていき、誰かが最後の一人になってしまうでしょう。そのとき、若者から「えっ、あんな時代の人がまだ生きているの」と言われるかもしれません。このように歳を重ねるということは、しだいにマジョリティからマイノリティへと変化していくことなのです。

それは、けっして不幸なことではありません。逆に、新たな視点を持てますし、いままでわからなかったものがわかってきています。概して、マジョリティの中に身を置いていると、マジョリティの常識がすべてのように思えてきます。「おかしいな」と疑問に思っても、「まあ、みなが思っているようだから」で口をつぐんでしまいがちです。

けれども、いざマイノリティに身を置けば、マジョリティにとって常識と思われことが、すべてではないことに気づくでしょう。新たな視点を獲得できますし、マジョリティにあった時代、批判するのをためらわれたことでも、マイノリティにあれば堂々と批判ができるようになります。これは、清々《すがすが》しいことです。

また、マイノリティの立場に身を置くや、他人の痛みがわかってきます。いままで尊大であった人でも、マイノリティに身を置くと、謙虚になれるのです。これだけでも、大きな収穫なのです。

50代から歳をとるということは、年々マイノリティになっていくということです。それも楽しみの一つと思えるようになれば、50代からの人生は充実したものになってくるはずです。

本書は２０００年に小社から発刊した『頭は50歳で切り換えよ！』を、最新情報をもとに改編し、大幅に加筆したものです。

青春新書
PLAYBOOKS

人生を自由自在に活動《プレイ》する

人生の活動源として

いま要求される新しい気運は、最も現実的な生々しい時代に吐息する大衆の活力と活動源である。

文明はすべてを合理化し、自主的精神はますます衰退に瀕し、自由は奪われようとしている今日、プレイブックスに課せられた役割と必要は広く新鮮な願いとなろう。

いわゆる知識人にもとめる書物は数多く窺うまでもない。

本刊行は、在来の観念類型を打破し、謂わば現代生活の機能に即する潤滑油として、逞しい生命を吹込もうとするものである。

われわれの現状は、埃りと騒音に紛れ、雑踏に苛まれ、あくせく追われる仕事に、日々の不安は健全な精神生活を妨げる圧迫感となり、まさに現実はストレス症状を呈している。

プレイブックスは、それらすべてのうっ積を吹きとばし、自由闊達な活動力を培養し、勇気と自信を生みだす最も楽しいシリーズたらんことを、われわれは鋭意貫かんとするものである。

―創始者のことば―　小澤和一

著者紹介
多湖 輝〈たご あきら〉
1926年生まれ。東京大学文学部哲学科（心理学専攻）卒業。同大学院修了。現在、千葉大学名誉教授。東京未来大学名誉学長。柔軟なアタマづくりを説いて大ベストセラーになった『頭の体操』シリーズのほか、幼児教育から高齢者問題まで、多岐にわたる著作・講演活動などを行い、幅広い世代から多くの支持を得ている。現在も、人気ゲーム「レイトン教授」シリーズのナゾ監修や、日本テレビ系「世界一受けたい授業」への出演など、多彩な活動を続けている。『100歳になっても脳を元気に動かす習慣術』（日本文芸社）、『楽老のすすめ』（海竜社）など、著書多数。

50歳《さい》を過《す》ぎて
20代《だい》のアタマを取《と》り戻《もど》す習慣《しゅうかん》
青春新書 PLAYBOOKS

2012年5月5日　第1刷

著　者　多《た》湖《ご》　輝《あきら》

発行者　小澤源太郎

責任編集　株式会社プライム涌光
電話　編集部　03（3203）2850

発行所　東京都新宿区若松町12番1号 〒162-0056　株式会社青春出版社
電話　営業部　03（3207）1916　振替番号　00190-7-98602

印刷・共同印刷　製本・フォーネット社

ISBN978-4-413-01950-7